Gens du Voyage

droit et vie quotidienne en France

L'auteur remercie
Sylvie Chiousse
pour sa précieuse collaboration.

Gens du Voyage

droit et vie quotidienne en France

Marc Bordigoni

2013

DALLOZ

Collection
À savoir
sous la direction de
Évelyne Pisier
et Olivier Duhamel

ISBN 978-2-247-10557-1

Sommaire

Introduction

Gens du Voyage, Roms... De qui parle-t-on ?

La question des Roms serait « l'arbre qui cache la forêt[1] » : en France les Roms sont environ 15 000 et posent des questions à l'ensemble de l'Europe, alors même que ceux que l'on appelle « gens du voyage » sont des citoyens français et seraient environ 400 000. La « question des gens du Voyage », si elle existe, est une question française donc, relevant de la seule compétence (et volonté) des pouvoirs publics français.

En premier lieu une différence !

Les uns ont pu voter pour l'élection présidentielle de 2012 : les gens du Voyage car ils sont citoyens français ; les autres, les Roms migrants, selon l'appellation commune, sont

1. Edwy Plenel sur France-Culture.

citoyens d'un autre État de la communauté européenne – Roumanie, Bulgarie, République tchèque, Slovaquie, Slovénie – ou hors de la communauté européenne – Serbie, Croatie, Albanie (Kosovo), Macédoine...

Les gens du Voyage ont-ils tous pu voter en mai 2012 comme tous les citoyens français de plus de 18 ans ? Cela n'est pas si sûr. Il fallait évidemment qu'ils soient inscrits sur les listes électorales. Mais quelle liste électorale ? Celle de l'endroit où ils se trouveront au mois de mai 2012 ? Le plus souvent non. Membres de la « communauté des gens du voyage » selon la définition inscrite dans la loi de 2000, leur « habitat traditionnel est constitué de résidences mobiles », en clair des caravanes ; ils sont soumis à une réglementation différente de leurs concitoyens. Ils doivent détenir un titre de circulation créé par une loi datant de 1969. Pour voter, ils doivent être inscrits sur la liste électorale de leur « commune de rattachement ». De quoi s'agit-il ?

La loi de 1969 a prévu que certains citoyens français sont des gens « sans résidence ou domicile fixe » car vivant en caravane et qui ont vocation à se déplacer pour exercer leur profession ou par « tradition culturelle ». Afin de pouvoir exercer leurs droits de citoyens (voter par exemple), ils doivent demander leur rattachement à une commune. Mais la loi précise que ce rattachement est soumis à l'avis du maire et du préfet du département ; de plus il ne peut y avoir plus de 3 % de « gens du voyage » rattachés à la même commune. Et la loi précise qu'il faut être rattaché à cette commune depuis plus de trois années afin de pouvoir faire valoir son droit à voter (pour mémoire : n'importe quel citoyen français peut se faire inscrire sur la liste électorale de la commune dans laquelle il vit après six mois de résidence).

L'évidence du caractère discriminatoire entre citoyens français d'une telle disposition législative a été relevée par la Haute Autorité de lutte contre les discriminations et pour l'égalité (HALDE). Le candidat à l'élection présidentielle de 2007, Nicolas Sarkozy, avait pris l'engagement de résoudre cette question rapidement, ce qu'il n'a pas fait durant les cinq années de son mandat. Plus : par deux fois, en 2011, la majorité parlementaire a refusé l'examen d'amendements qui avaient pour but d'abroger les articles discriminatoires de la loi de 1969. Pour nombre de « gens du voyage », c'est-à-dire de titulaires d'un titre de circulation, les choses se passent ainsi : par tradition familiale datant du début du XXe siècle, ils ont des attaches avec un lieu particulier (un « petit pays » comme ils aiment à le dire, une commune le plus souvent rurale) où leurs ancêtres étaient honorablement connus et où les maires acceptaient leur rattachement. Toujours inscrits dans les registres de ces communes (Aveyron, Tarn-et-Garonne, Champagne, Loire atlantique, etc.), ils mènent leur vie dans d'autres régions et ne repassent dans leur commune de rattachement que pour honorer leurs morts si les tombes des ancêtres sont là ou pour « faire les papiers ». Bien souvent, leurs activités économiques les font vivre en périphérie des grandes villes et peu nombreux sont ceux qui retournent vers leur commune de rattachement uniquement pour exercer leur droit de vote – à quelques exceptions près comme par exemple pour les élections municipales où leurs voix peuvent permettre de maintenir de bonnes relations avec le maire sortant ou son successeur.

Quant aux « Roms migrants », la question de leur participation aux élections n'est pas de mise : citoyens de leur pays d'origine, c'est « là-bas » que la question se pose. Encore qu'en droit la question pourrait se poser de leur participation aux élections locales (municipales) et aux élections européennes comme peuvent l'exercer les citoyens communautaires qui résident depuis plus de six mois dans une commune française.

Mais ces citoyens européens (ceux de Roumanie et Bulgarie) ne peuvent venir en France qu'en « touristes » pour trois mois car la France a choisi de limiter les droits de séjour des citoyens de ces pays qui ne sont pas encore dans l'« espace Schengen » – et aussi, plus important pour chacun d'eux, la République française leur interdit, de fait, l'accès au marché du travail légal, ce que n'ont pas fait l'Espagne et le Portugal, par exemple[1].

1. Des mesures prises en août 2012 par le nouveau gouvernement de François Hollande ont partiellement modifié cette situation.

En second lieu, une égalité de traitement ?

Le président de la République française en juillet 2011 (N. Sarkozy) connaît parfaitement cette différence entre les gens du voyage et les Roms. Pourtant il n'hésite pas à convoquer une réunion exceptionnelle à l'Élysée ayant pour objet « les problèmes que posent les comportements de certains parmi les Roms et les gens du Voyage ».

Dans le communiqué annonçant la réunion, le choix de l'occupant de l'Élysée de faire figurer ces deux mots précis (« Roms » et « gens du Voyage ») ne saurait être le fruit du hasard ; la maîtrise de la communication présidentielle garantit que le choix des termes sera immédiatement compris par les relais de communication (services de l'État et journalistes) et les Français à qui l'annonce est destinée. Pourquoi cet amalgame ? Tout simplement parce qu'il y a un point commun non-dit qui fait partie du fonds culturel français et européen : tous « ces gens-là » sont des Gitans ou encore des Tsiganes[1] !

1. Voir le dossier « Stigmatisation des Roms et Gens du voyage. Retour sur la politique sécuritaire de l'été 2010 et ses

Quels sont les points communs aux Roms et gens du voyage au-delà de l'appartenance commune à ce monde quelque peu exotique des Tsiganes ? On l'apprend dans la suite donnée à cette réunion : ils vivent dans des « campements illégaux ». Il s'agirait donc de gens pouvant occuper de manière temporaire, voire s'éternisant, des espaces publics ou privés sur lesquels ils n'ont aucun droit et ce parce qu'ils seraient « nomades ».

Quelles sont les différences ? Les uns – les Roms – sont pauvres, ils mendient, voire volent et sont Bulgares ou Roumains, donc étrangers ; leur présence sur le territoire national serait illégitime. Les autres – les gens du Voyage – sont riches : ils ont des Mercédès et de belles caravanes dont on ne sait comment ils les financent (volent-ils aussi[1] ?), et sont Français. Pour autant la question de la légitimité de leur présence

conséquences en 2011 », en ligne : www.fnasat.asso.fr/dossiers %20docs/dossierdocromsgdv.html.

1. « Comment se fait-il que l'on voit dans certains de ces campements tant de si belles voitures, alors qu'il y a si peu de gens qui travaillent ? » (N. Sarkozy, 10 juill. 2012).

sur telle ou telle partie du territoire national est également posée.

Alors, Gitans, Tsiganes... ?

Le lecteur de la presse quotidienne nationale ou régionale, s'il a un peu de mémoire, pourra aisément se souvenir que, de tout temps, ces mots n'avaient pas le même sens et que, en France, s'il voulait résumer à un de ses proches une information lue dans le journal, il aurait le plus souvent dit « tu as vu cette histoire à propos des Gitans ? ».

Les Gitans sont ces « gens-là », ceux qui ont la particularité de vivre « chez nous », depuis toujours ou de passage, dont chacun sait qu'ils sont tout à la fois humains comme nous, peut-être et souvent sûrement français, même s'ils se disent « andalous », « catalans » voire « espagnols », ou bien encore « manouches », « roms », « vanniers », « yéniches », plus rarement « forains » ou maintenant « voyageurs », et pourtant ils sont différents. Ils cultivent apparemment cette « plus petite différence » dont Lévi-Strauss et Freud ont parlé. Cette manière d'être dans la connivence avec l'autre et en même temps générer le sentiment d'une distance certaine et constante, mais non irréductible, si, par exemple, l'amour s'en mêle ou l'opportunité de « faire des affaires ».

L'appellation « tsigane » renvoie, en français, à toute une série d'images fortement présentes tant dans la culture savante que populaire. L'expression peut être parfois élogieuse et associée à des compétences valorisées (musique, danse, amours des enfants...) ou des comportements dévalorisés (voleurs, fainéants, sales[1]...). Pour aborder toutes ces dimensions de la présence ancienne, continue et actuelle de la culture romani en Europe, il convient de lire les ouvrages de synthèse d'Henriette Asséo[2] et Léonardo Piasere[3].

1) Le choix des mots

En ce début de XXIe siècle, en français (mais la situation est identique dans les

1. M. Bordigoni, *Les Gitans*, Le Cavalier Bleu, Paris, 2007, coll. « Les Idées reçues » (rééd. actualisée en 2010, éd. revue et augmentée en 2013).

2. *Les Tsiganes. Une destinée européenne*, Gallimard, Paris, coll. « Découvertes » n° 218, 1994 (rééd. actualisée en 2001).

3. *Roms, une histoire européenne*, Bayard, Paris, 2011.

autres langues européennes), la manière de parler de « ces gens-là » diffère selon qui parle à qui et où. Ce petit ouvrage n'est pas le lieu de la discussion qui occupe chaque rencontre entre « tsiganologues » ou/et représentants politiques et intervenants sociaux en charge de la « question rom ». Le Conseil de l'Europe a publié *Le glossaire terminologique du Conseil de l'Europe* relatif aux Roms, après avoir constaté que la terminologie avait régulièrement changé depuis plus de trente ans, tenant compte des réalités historiques et géographiques passées – dont il convenait, selon lui, d'homogénéiser l'utilisation, d'une manière toute bureaucratique et bien peu satisfaisante pour les intéressés et les connaisseurs de ces populations fort diverses[1].

Il ne sera question, dans ce livre que des « gens du Voyage ».

Dès qu'il est question de « ces gens-là » les choses se compliquent, à commencer par savoir comment les appeler. Certains renvoient à une période historique précise – Égyptiens à la France d'ancien régime,

---

1. www.depechestsiganes.fr/wp-content/uploads/2011/03/glossaire-terminologique-ROMS-révisé-décembre-20101.pdf.

Nomade apparaît à la fin du XIXe siècle, gens du voyage à la seconde moitié du XXe siècle. D'autres se réfèrent à des différences de culture et d'histoire des familles – Manouches est employé à propos des familles dont les ancêtres ont longtemps séjourné dans cette partie de l'Europe dominée par la culture germanique, Gitans pour celles qui sont imprégnées de culture ibérique. Mais là encore les choses se compliquent, en ne considérant que la situation française. Le mot « gitan » est couramment employé en France pour désigner tous ces « gens-là », qu'ils vivent en caravane, en maison, en appartement ou en bidonville, qu'ils soient manouches, roms, yéniches ou quoi que ce soit d'autre. Mais ce mot « gitan » désigne plus précisément, à d'autres moments et selon qui l'emploie, ces personnes dont les ancêtres sont venus d'Espagne (parfois en étant passés par l'Afrique du Nord). Essayons de préciser l'emploi des différentes appellations, en tout cas telles qu'elles sont utilisées dans ce livre.

Égyptiens

C'est ainsi que les premiers documents en français qualifient ces familles à l'allure étrange qui circulent en Europe occidentale dès le XVe siècle (l'époque de Jeanne d'Arc). Il disparaît assez rapidement pour désigner ceux qui sont considérés comme les ancêtres des Tsiganes contemporains.

Bohémiens

Son emploi date de la même période mais connaît un autre destin. Il devient un mot du langage administratif et du langage courant. Il désigne ces mêmes personnes (alors il s'écrit parfois avec un B majuscule) mais il est aussi employé pour désigner tous les individus qui vivent comme des Bohémiens. Il est encore utilisé en français contemporain. Autour de 1850, il va aussi être employé pour désigner des artistes, principalement parisiens qui revendiquent un esprit de liberté nouveau, un refus des institutions et un style décalé par rapport à la société de l'époque. Ils sont qualifiés de « bohémiens de Paris[1] ».

1. C'est pour cela que l'exposition conçue par Sylvain Amic

Tziganes, Tsiganes

En français, le terme apparaît au début du XIXe siècle; il a été emprunté au russe. Il s'écrit alors « tzigane ». Cette graphie est celle de la période qui va *grosso modo* du début du XIXe à la première moitié du XXe siècle. Pourtant, dès cette dernière période, une autre manière de l'écrire apparaît : « Tsigane ». La graphie « Tzigane », quant à elle, est tombée en désuétude au fil du XXe siècle. Certains expliquent cette disparition du z au profit du s par souci de ne pas rappeler constamment la période de l'extermination des Tziganes, le z évoquant le mot allemand *Zigeuner*. Pourtant en France deux importantes associations ont choisi une graphie différente pour leur nom. Ce sont l'ASNIT – Association nationale et internationale des Tziganes – et l'UFAT – Union française des associations tsiganes.

Camps-volants, nomades

Il s'agit d'un mot en usage dans la seconde moitié du XIXe. Il désigne les Tsiganes mais

s'intitule « Bohèmes » (Paris, Grand Palais, Galeries nationales, 26 sept. 2012 – 14 janv. 2013).

aussi toutes les personnes, nombreuses, qui vivent sur les routes à cette période (travailleurs saisonniers, ouvriers de chantier, artisans et commerçants nomades, vagabonds...) que l'on appelle aussi nomades. Parmi cet ensemble hétéroclite, d'autres termes distinguent les Tsiganes : romanichels, bohémiens, bohémiens-romani, etc.

Sans domicile fixe (SDF)

Le terme apparaît à la toute fin du XIXe siècle. La justice distingue parmi les nomades ceux qui ont un domicile (la roulotte) de ceux qui dorment à l'hôtel, dans des granges, sous des tentes ou dehors. En cela, elle s'oppose à la police et la gendarmerie qui considèrent que la roulotte ne constitue pas un domicile. La loi de 1969 emploie l'expression « sans domicile fixe » (SDF) pour désigner ceux que la loi de 1912 nommait « nomades ». SDF change de sens à la fin du XXe siècle pour désigner les personnes à la rue.

Manouche, Yéniche, Sinti, Rom, Rrom...

Tous ces mots désignent des sous-groupes au sein du monde du Voyage. Il en existe d'autres encore (Sinti, Sinté, Rabouin, Vanniers, Forains, Circassiens, Zongrois...). Pour un Voyageur ou une personne qui connaît ce monde du Voyage, ils permettent de savoir à quel réseau familial il a affaire, dans quelle histoire particulière du monde du Voyage s'inscrit la famille, arrivée en France bien avant la Révolution française, au milieu du XIXe siècle ou au début du XXe, venant d'Allemagne, d'Italie, de Suisse, des Balkans ou de Russie.

Selon les régions françaises, des mots issus des langues régionales peuvent encore être employés : boumian en Provence, maramian dans le Berry, etc.

Rrom

Le lecteur français ne peut qu'être surpris quand il trouve dans la presse ou dans des livres le mot « rrom » et d'autres fois le mot « rom ». La graphie « rrom » est récente. Elle a été suggérée par des militants de l'Union romani internationale qui ont su la faire reconnaître par diverses instances internationales (essentiellement le Conseil de l'Europe). Elle est fréquemment reprise par la presse ou certaines associations militantes. Pourtant, la consultation des sites officiels des instances internationales indique clairement que celles-ci n'en font pas un grand usage dans leurs documents officiels mis en ligne. Ainsi le Conseil de l'Europe utilise 147 fois « rrom » mais 800 fois « rom », l'Union européenne 1 fois « rrom » et 499 fois « rom »; quant à l'ONU il n'y a aucune fois « rrom » sur le site en français[1].

Gens du voyage

Cette expression apparaît d'abord dans des textes émanant du monde catholique. Il est employé par l'Église pour parler de tous ceux qui viendront à ce que la presse française appelle « le pèlerinage des Gitans » à Rome en 1965. Elle apparaît dans une circulaire du ministère de l'Intérieur dès 1967[2] puis se généralise dans l'administration française vers 1970 pour remplacer les expressions « nomades » ou « population d'origine nomade » jugées péjoratives.

1. Sites consultés le 22 janvier 2013 : http://www.un.org/fr/; http://hub.coe.int/fr/; http://europa.eu/index_fr.htm.
2. Circulaire du 4 août 1967.

L'administration écrit toujours « gens du voyage » sans aucune majuscule afin de ne pas ethniciser une partie de la population française, ce que la Constitution interdit. En typographie française, le fait de mettre une majuscule désigne un peuple (les Français, les Belges...). Cette logique prévaut pour ceux qui ont choisi d'écrire « Gens du voyage ». L'inconvénient est que cette expression n'a pas de singulier, on ne peut pas dire ou écrire un Gens du voyage.

Dans les pages qui suivent, il a été décidé d'employer les termes « gens du Voyage », « Voyageur » et « Voyageuse ». Les mots voyage, voyageur, voyageuse sont d'un usage courant avec un sens précis connu de tous. Écrire Voyage permet de distinguer deux réalités, le voyage au sens habituel et le Voyage qui désigne alors l'espace d'inscription de citoyens français qui s'appellent eux-mêmes Voyageurs et Voyageuses.

Comme on l'aura compris à travers la question du droit de vote aux prochaines élections, c'est par le prisme du droit que nous esquisserons une approche des réalités différentes de ces mondes. Le corpus des textes législatifs, réglementaires ou des circulaires officielles ne saurait être exhaustif tant ils sont nombreux.

Pour bien saisir le sens des textes qui s'appliquent de nos jours, il faut remonter rapidement à la fin du XIXe car c'est à ce moment de notre histoire et de celle de l'ensemble de l'Europe que l'on trouve l'expression claire de la pensée qui perdure quant au contrôle que les États entendent exercer sur ce qui paraissait être des « populations flottantes ».

La présentation du contexte de ces lois et documents divers tentera de rendre compte de leurs effets concrets dans la vie quotidienne des personnes à qui elles se sont appliquées et pour les plus récentes s'appliquent toujours.

2) Combien sont-ils ? Recensements des populations itinérantes et d'origine nomade

Le recensement de 1895

Sur ordre du ministre de l'Intérieur en mars 1895, un recensement de toutes les personnes vivant sur les routes est organisé. Il concernera particulièrement les « nomades et Bohémiens » comme le précise une circulaire du ministre aux Préfets[1]. Leur nombre est estimé à 400 000. Une commission extraparlementaire créée en 1897 résume ainsi le déroulement de ce recensement :

« En 1895, l'ordre fut donné à la gendarmerie d'interpeller le même jour sur toutes les voies de communication, les individus inconnus dans la région, qui les parcouraient ; de les interroger, de relever leurs papiers d'identité, leur état civil, leur profession, et de procéder à une sorte de dénombrement de cette population vagabonde. Beaucoup d'isolés échappèrent à ce recensement, la gendarmerie devant porter ses investigations surtout sur les individus voyageant en bande et accompagnés de roulotte ; néanmoins, on put constater qu'ils étaient au nombre de 25 000[2] ».

Le déroulement de ce recensement n'a pas été partout uniforme, bien que ce fut probablement le premier recensement à

1. Circulaire télégraphique du ministre de l'Intérieur le 13 mars 1895 aux préfets, v. François de Vaux de Foletier, 1981, p. 171.

2. Rapport fait au nom de la Commission extraparlementaire instituée par décret du 13 novembre 1897 pour rechercher les moyens propres à améliorer la police du vagabondage et des campagnes. *Journal officiel* du 29 mars 1898, page 1940 cité par Félix Challier.

bénéficier d'un corps d'enquêteurs aussi homogène : les gendarmes. Certaines communes déclarent ne pas voir passer la « nation des Bohémiens » (maire de Montablanc dans le Morbihan), d'autres répondent qu'il est trop tôt dans l'année ou qu'il fait encore trop froid, que la neige les tient encore éloignés du territoire communal. Mais sur l'ensemble du territoire les efforts de la gendarmerie ont permis de donner une idée assez précise de la présence bohémienne, de la variété des situations et des groupes familiaux. Dans les archives conservées (vingt-deux départements seulement), François de Vaux de Foletier reconnaît des familles manouches implantées depuis très longtemps en France, des familles yéniches réfugiées d'Alsace-Lorraine après la guerre de 1870, des Roms, des Gitans espagnols. Les papiers de tous ces gens sont examinés avec soin par la gendarmerie; la liste des documents produits est longue depuis les pièces d'état civil, certificats de baptême, passeports, carnets autorisant la profession de saltimbanques, certificats d'option d'Alsaciens et Lorrains, facture de commerçants, livrets d'épargne[1]... Si parmi eux on relève quelques sujets turcs, quelques familles venues d'Europe centrale,

> « Les Tsiganes sont en majorité de nationalité française. Aucun étranger n'est signalé dans le département de la Mayenne. Quand ils sont étrangers, les nomades viennent pour la plupart de pays voisins[2]. »

Et parmi les nomades étrangers dont les identités et activités sont relevées par la gendarmerie en ce mois de mars 1895, nombreux sont ceux qui ne sont en rien liés aux familles tsiganes.

La difficulté de ce recensement, pour la gendarmerie, a dû consister dans la définition du champ d'investigation, car les mots employés – « nomades » et « Bohémiens » – renvoient à des évidences pour lesquelles, pourtant, il a fallu effectuer des arbitrages pas toujours évidents faute de consignes claires. Il semble tout de même que :

> « La gendarmerie avait porté ses investigations surtout sur les individus voyageant par bandes et dans des roulottes, formant souvent des caravanes[3] ».

1. François de Vaux de Foletier, 1981, p. 176.
2. *Ibid.*
3. Henri Arsac, 1933, p. 201.

Le moindre des paradoxes du recensement de 1895 est qu'il mobilise des moyens considérables (la gendarmerie sur tout le territoire national, les préfectures) avec des consignes à la fois claires et évidentes et pourtant pleines d'ambiguïtés donnant ainsi lieux à des arbitrages très variables : les vagabonds solitaires ont parfois été l'objet de toute l'attention des gendarmes et parfois totalement laissés de côté. Mais comme tout recensement, ou grande enquête statistique organisée par les services de l'État, et quelles qu'en soient les conditions réelles d'exécution, celui de 1895 produit des chiffres.

La commission extraparlementaire prend appui sur ce travail pour estimer le nombre de Bohémiens circulant en France à la fin du XIXe siècle : vingt-cinq mille.

Sur cette base et sur l'idée que le recensement n'a sûrement pas été exhaustif, les chiffres vont être régulièrement « réestimés » mais de manière guère plus argumentée comme par exemple par Émile Hinzelin dans *Les nomades au XXe siècle en France* qui donne le chiffre de quarante mille en 1913[1].

1. Félix Challier, 1913, p. 141.

Pourtant, cette même année 1913, l'auteur d'une thèse de droit sur l'application de la loi de 1912 se renseigne directement auprès des services de police en charge de l'application de la loi et de la surveillance des romanichels et y apprend que le « nombre pouvait s'élever à dix mille, en tenant compte de la difficulté d'un recensement exact[1] ».

Le recensement de 1960

En septembre 1961 et en mars 1962 a eu lieu un recensement des itinérants et des personnes d'origine nomade (Tsiganes).

Les ministres de l'Intérieur et de la Santé publique et de la population ont défini l'objet et les modalités de ce recensement dans une notice destinée aux commissariats de police et aux brigades de gendarmerie chargés du recensement.

> « Le but du recensement et de faire connaître aux pouvoirs publics le nombre des itinérants de façon à apprécier les équipements nécessaires à la satisfaction des besoins de ceux-ci. Il est aussi de permettre une meilleure intelligence de l'évolution des Tsiganes de savoir combien de Tsiganes vivent sédentarisés, en groupe ou dispersés, au milieu du reste de la population française ;

1. *Ibid.*

l'appréciation exacte du nombre des Tsiganes sédentaires constitue à vrai dire la difficulté majeure du recensement. Il est certain que les indications obtenues seront très approximatives et notablement inférieures à la réalité »[1].

Extrait de la « notice sur le recensement des populations itinérantes ou d'origine nomade »

L'existence de personnes vivant ou exerçant leur profession sur la voie publique, la présence dans certains quartiers bidonvilles de personnes d'origine nomade, traditionnellement connues sous les noms de bohémiens, romanichels, tsiganes, gitans, yennish, etc., sont à l'origine de nombreux problèmes qui intéressent ces personnes elles-mêmes, souvent misérables, et les personnes au milieu desquelles elles vivent.

Le gouvernement entend poursuivre à leur égard une politique constructive d'avenir. Il sera tenu le plus grand compte des désirs et des traditions légitimes. Des modalités de vie moins difficile, plus adaptées à l'état actuel de notre civilisation seront envisagées et proposées. L'action sociale sera amplifiée. Si certaines de ces personnes, les forains en particuliers, comptent parmi les Français les plus évolués, d'autres doivent faire l'objet d'une véritable promotion en ce qui concerne le logement, l'instruction, le travail. Pour résoudre ces problèmes et assurer sa promotion, il est nécessaire de disposer de données précises. Un recensement a donc été décidé. Il est destiné à fournir des informations statistiques entièrement anonymes. Il importe que les

1. *Études tsiganes*, 1960, n° 4.

intéressés, entièrement anonymes. Il importe que les intéressés, qui devront être abordés avec toute la compréhension désirable, sachent que le recensement n'est pas organisé pour procéder à des contrôles individuels concernant par exemple l'identité, mais dans leurs seuls intérêts.

I.– DÉFINITION DES PERSONNES À RECENSER

Le recensement doit porter sur :

1) Les personnes vivant, au moment du recensement, en roulotte ou sous la tente pour des motifs, notamment professionnels, autres que de tourisme, de sport ou de santé. Ces personnes doivent être recensées même si elles ne vivent ainsi qu'occasionnellement, ont un domicile fixe et ne sont pas titulaires d'un des carnets de forain ou de nomades prévus par la loi du 16 juillet 1912 sur la réglementation des professions ambulantes (voir ci-dessous le cas particulier des cirques importants).

2) Les personnes titulaires d'un des carnets de forains de nomades prévus par la loi du 16 juillet 1912.

3) Les personnes appartenant à des groupes d'origines nomades dont les comportements diffèrent de celui des populations au milieu desquelles elles se trouvent : Bohémiens, Tsiganes, les Yennish, Kalderashs, Manouches, etc. (à l'exception des Nord-Africains musulmans non gitans), que ces personnes vivant en tribu, en famille ou isolément.

Toutefois, dans les bidonvilles et quartiers où se rassemble un nombre important de ces personnes, il devra, le cas échéant être procédé au recensement des individus (quelle que soit leur origine) qui mènent une vie semblable à la leur si la situation des uns et des autres est solidaire : il faut en effet que puissent être recueillies les informations nécessaires à une action sociale d'ensemble sur le quartier ou le bidonville. L'origine nomade de la famille ou de l'individu sera précisée sur les imprimés.

II.– CLASSIFICATION ADOPTÉE DANS LA PRÉSENTATION DES IMPRIMÉS

Les personnes recensées appartiendront souvent à deux ou trois des catégories ci-dessus définies. Aussi a-t-on adopté une autre classification fondée sur le degré d'itinérance ou de sédentarisation, mieux adapté à la nature des renseignements statistiques à recueillir :

a) Itinérants : se déplaçant de façon permanente.

b) Mi-sédentaires : voyageant une partie de l'année, généralement à la belle saison et hivernant chaque année dans un même lieu déterminé, où ils peuvent ou non disposer d'un logement.

c) Sédentaires : fixés localement, et ayant, en principe, cessé de voyager.

III.– DURÉE DU RECENSEMENT

Les opérations de contrôle se dérouleront au cours d'une semaine entière, du lundi au dimanche, qui sera fixée par circulaire.

a) Le recensement des itinérants et semi-sédentaires en cours de déplacement devra avoir lieu obligatoirement le premier jour de la période ainsi prescrite. Pour éviter les omissions et contestations, il importe, en effet, que ces personnes soient recensées à une date précise.

b) Les sédentaires et semi-sédentaires stationnant à leur point habituel d'attache, pourront être recensés durant toute la période considérée.

Indications statistiques

En 1962, les *Études tsiganes* publient les résultats du recensement. Il comprend un dénombrement des familles et un dénombrement des personnes pour les quatre-vingt-dix départements français.

Nombre de familles itinérantes : 5756
Nombre de familles mi-sédentaires : 5148
Nombre de familles sédentaires : 6831
Nombre de personnes itinérantes : 26650
Nombre de personnes mi-sédentaires : 21396
Nombre de personnes sédentaires : 31105
Total : 79196

Un commentaire de ces chiffres est publié par Pierre Join-Lambert :

« Les sédentaires recensés paraissent exclusivement d'origine tzigane, alors que les itinérants et les mi-sédentaires comprennent des personnes d'origines très variées. Sur le plan des études tsiganes, le nom des sédentaires recensés présente un intérêt particulier.

On peut considérer qu'une proportion relativement faible d'itinérants a échappé au recensement (il y a eu cependant des déplacements de roulottes pour l'éviter), mais qu'une proportion beaucoup plus importante des Tsiganes sédentarisés n'a pas été recensée. Le chiffre de 31150 sédentaires qui résulte pour l'ensemble de la France (abstraction faite du Cantal qui a été omis) du recensement de mars 1961 constitue un minimum ; il doit être fortement augmenté. Dans certaines grandes villes, comme Paris, les Tsiganes sédentaires n'ont pas en fait été dénombrés. Dans d'autres, les intéressés ont soigneusement dissimulé leur véritable origine. Il semble que le nombre des Tsiganes et Gitans sédentaires soit de l'ordre de 50000.

Une conclusion très claire peut être dès maintenant tirée du recensement : la très grande majorité des Tsiganes est sédentarisée[1] ».

1968 : carnets anthropométriques

Paraît dans *Études tsiganes* une note non signée (elle est probablement le fait de Join-Lambert qui, en tant que haut fonctionnaire, avait ses entrées au ministère de l'Intérieur) qui entend démontrer que le carnet anthropométrique prévue par la loi de 1912 n'a plus de pertinence. La preuve flagrante aux yeux de l'auteur est qu'il n'y a plus que neuf mille carnets en circulation ce qui ne correspond en rien à la réalité du nombre des nomades[2].

1. Join-Lambert, 1962.
2. *Études tsiganes*, 1968, n° 1.

L'enquête de 1972

« En 1972, le ministère de l'Intérieur a prescrit une enquête pour connaître le nombre de sédentaires exerçant une activité ambulante et ayant fait la déclaration prévue à l'article 1er de la loi, ainsi que le nombre de titulaires de titres de circulation ».

D'après les indications fournies par le ministère de l'Intérieur, on a recensé dans les départements de la métropole :

– 47 596 sédentaires pratiquant des activités ambulantes, au sens de la loi de 1969 et du décret du 31 juillet 1970, en possession du récépissé de marchands ambulants,

– 31 918 titulaires de livrets spéciaux A et B de circulation,

– 1 296 titulaires de livrets de circulation,

– 7 012 titulaires de carnets de circulation.

1980 : une nouvelle enquête

Huit ans après la première, une nouvelle enquête a été prescrite par le ministère de l'Intérieur, dont les résultats sont publiés dans *Études tsiganes*. Ceux-ci font apparaître, par rapport à 1972 une augmentation très sensible des possesseurs de récépissé de marchands ambulants et des titres de circulation :

– le nombre de possesseurs de récépissés de marchands ambulants est passé en effet de 47 596 à 92 954,

– celui des sans domicile ni résidence fixe, titulaires des livrets spéciaux a augmenté de 31 918 à 64 176,

– celui des titulaires de carnets de circulation de 1 296 à 4 448,

– celui des titulaires de carnets de circulation est passé de 7 012 à 15 312.

Dans l'ensemble les nombres sont en sensible augmentation : ils ont pratiquement doublé[1].

Une analyse détaillée de chacune des situations tente de donner un début d'explication de ces accroissements et se conclut par :

« Il faut le constater, aucune étude approfondie n'a été faite sur la démographie des gens du voyage. À plusieurs reprises, une telle étude a été demandée aux pouvoirs publics. Cette demande n'a pas jusqu'ici eu de suite. Aucun chercheur privé n'a, à notre connaissance, entrepris de recherche précise sur la question. On doit le regretter non seulement d'un point de vue scientifique, mais aussi et surtout parce que la connaissance de la

1. Join-Lambert, 1981.

démographie des gens du voyage est indispensable pour agir de façon efficace et constructive.

Il faut souhaiter que cette lacune soit rapidement comblée. »

Dans la préface d'un recueil de communications de démographes autour de la question des minorités et des pratiques statistiques à ce sujet dans divers pays du monde, Jacques Magaud écrit :

« Et pourtant il existe des minorités :

Doit-on les étudier ? Doit-on connaître et tenter de comprendre leurs comportements ?

Jusqu'où aller dans cette observation spécifique ?

Premier exemple : les "gens du voyage" sillonnent les routes de France ; des questions sont posées à leur sujet (la scolarisation de leurs enfants, leur accès aux terrains municipaux, etc.). Ces questions ne relèvent-elles pas, en partie au moins de la recherche[1] ? »

Le premier exemple donc qui vient à l'esprit d'un démographe français, cas exemplaire pour poser fortement les questions au début d'un ouvrage, concerne les « gens du voyage ». Malheureusement,

1. W. Haug, Y. Courbage, P. Compton, *Les caractéristiques démographiques des minorités nationales dans certains états européens*, 1997, p. 1.

nulle part dans l'ouvrage la question ne sera abordée.

2012, les réflexions de la Cour des comptes sur la question

Extrait de l'introduction[1]

Les gens du voyage

L'appellation « gens du voyage », d'origine administrative a été retenue par le législateur pour désigner une catégorie de la population caractérisée par son mode de vie spécifique.

Elle recouvre les personnes dont l'habitat en résidence mobile a un caractère traditionnel. Sont donc exclus les personnes sans domicile fixe et l'ensemble des personnes vivant contre leur gré dans un habitat mobile ou léger.

Si cette appellation de « gens du voyage » est juridiquement reconnue en France, le terme « Tsiganes » est le plus utilisé dans le langage commun pour identifier des populations diverses ayant les mêmes origines ethniques indo-européennes et la même culture.

Compte tenu de la connotation négative du terme « Tsiganes » dans certains pays membres, le conseil de l'Europe a, pour sa part, retenu le terme générique de « Roms » pour désigner ces populations identifiées sur une base ethnique et culturelle et dont le nombre total en Europe est estimé à 10 millions de personnes environ.

1. *L'accueil et l'accompagnement des gens du voyage*, oct. 2012.

Il s'ensuit, en France, un risque de confusion, car le terme « Rom » est également utilisé par les pouvoirs publics, mais pour désigner des migrants de nationalité étrangère, venant essentiellement des pays d'Europe centrale et orientale. Sédentarisées dans leur pays d'origine, ces populations, qui ne sont pas mobiles, n'ont pas de culture du voyage. Elles relèvent de la législation sur l'entrée et le séjour des étrangers sur le territoire français, la situation étant différente selon qu'ils sont ou non ressortissants d'un État membre de l'Union européenne. Elles ne font donc pas partie des « gens du voyage », qui sont, dans leur très grande majorité, de nationalité française.

Extrait du chapitre 1

B1. Population qui n'est pas nécessairement itinérante

En pratique, les gens du voyage sont caractérisés par une grande diversité des modes de vie et d'habitat.

Leurs comportements à l'égard du voyage ou de l'itinérance ne sont pas homogènes. On distingue schématiquement trois catégories :

– les itinérants : ils se déplacent souvent en grand nombre sur l'ensemble du territoire national et leurs haltes sont de courte durée ;

– les semi-itinérants (ou semi-sédentaires) : ils effectuent des déplacements limités dans l'espace et le temps, souvent à l'échelle d'un département ou d'une région ;

– les sédentaires : ils sont installés de manière permanente généralement sur un terrain dont ils sont propriétaires ou locataires.

Il est parfois affirmé que la population des gens du voyage évolue dans le temps de l'itinérance à la sédentarité, selon un processus continu de sédentarisation. En réalité, ce processus se stabilise dans la plupart des cas au stade intermédiaire de la semi-sédentarité.

Pour qualifier cette évolution du mode de vie de nombreux gens du voyage, l'expression « ancrage territorial » semble donc préférable. Le mot sédentarisation suggère, en effet, l'idée d'un changement définitif de mode de vie, qui conduirait la population à passer d'une résidence mobile à un habitant dur, alors qu'en pratique, de très nombreux gens du voyage demeurent dans une situation intermédiaire entre l'itinérance et la sédentarité.

L'expression « ancrage territorial » traduit mieux que le mot sédentarisation ce constat d'une présence régulière de groupes familiaux sur le territoire, qui n'induit pas pour autant un abandon complet de la mobilité : les familles concernées effectuent des séjours de trois à neuf mois sur un territoire mais continuent à se déplacer, en particulier pendant la période estivale. Dans le Bas-Rhin, par exemple, de nombreux usagers des aires sont des gens du voyage locaux implantés de longue date en Alsace. Tel est le cas dans le Loiret, sur les aires de la communauté de l'agglomération d'Orléans.

L'ancrage territorial croissant des gens du voyage s'explique par plusieurs facteurs : le vieillissement de la population et les problèmes de santé qui peuvent en résulter dès lors que les personnes âgées sont en effet moins aptes à voyager et ont besoin de trouver des centres médicaux à proximité ; la précarisation d'une partie des gens du voyage qui conduit à une mobilité plus réduite en raison du coût associé au mode de vie itinérant ; la recherche de scolarisation continue des enfants.

C. – Une absence de données statistiques

1. – Une catégorie non identifiée

La catégorie administrative des gens du voyage ne fait pas l'objet d'un recensement spécifique dans le cas du recensement général de la population effectuée par l'Institut national de la statistique et des études économiques (INSEE).

Les gens du voyage sont pris en compte par l'INSEE en tant que personnes résidant habituellement dans des « habitations mobiles terrestres » – mis entre guillemets – comme les forains ou les résidents sur des bateaux immobilisés acquis, transformés en résidence principale. En revanche, les caravanes et les mobil-homes immobilisés sont recensés avec les logements.

(.../...)

Les données relatives aux titres de circulation délivrés aux personnes circulant en France sans domicile et résidence fixe sont une autre source utilisée pour l'estimation de la population des gens du voyage. Ces titres sont en effet centralisés dans un fichier administratif prévu par l'arrêté interministériel du 22 mars 1994, modifié par l'arrêté du 28 février 2005 et géré par la gendarmerie nationale.

Cependant, ce fichier ne couvre qu'une partie des gens du voyage tout en concernant une population plus large. D'une part, les chiffres qui en sont issus ne prennent en compte ni les personnes de moins de seize ans non assujetties à l'obligation de détenir un titre de circulation, ni celle de plus de 80 ans dont les données ne sont plus conservées, ni celles qui, démunies de document, circulent sur le territoire métropolitain. D'autre part, sont également intégrés les commerçants ambulants (forains notamment) et les « caravaniers », employés des grands chantiers auxquels s'impose l'obligation de détenir un titre de circulation. Enfin, certains ménages voyagent mais ne sont pas détenteurs de ce document puisqu'ils sont propriétaires ou locataires d'une résidence principale.

Les informations extraites de ces listes départementales sont comparées par l'INSEE aux résultats du recensement des personnes en habitations mobiles terrestres. Les données ne se recoupent cependant pas systématiquement, les personnes détenant un livret de circulation pouvant stationner sur une commune différente de leur commune de rattachement.

En définitive, il n'existe pas de données chiffrées globales permettant de dénombrer précisément les gens du voyage.

2. – Des estimations fragiles

Les estimations du nombre de gens du voyage sont issues de données anciennes à la fiabilité limitée ou font état de fourchettes très larges. Compte tenu des lacunes importantes de la statistique publique, les chiffres de 250 000 à 300 000 gens du voyage ne peuvent être présentés que comme un ordre de grandeur minimale.

Selon le fichier relatif aux types de circulation, le nombre de personnes détenant un type de circulation et d'environ 174 000 fin 2011.

Afin d'estimer le nombre total de gens du voyage, il est nécessaire d'ajouter à ses 174 000 personnes des gens du voyage de plus de 80 ans et les enfants de moins de 16 ans, qui n'ont pas l'obligation de détenir un type de circulation.

Les données dont dispose la caisse nationale d'allocations familiales (CAF), issues des statistiques relatives à l'allocation temporaire de logements « INSEE » établies au 15 juin et au 15 décembre de chaque année, permet d'appréciser le poids relatif des enfants au sein de la population des gens du voyage. Sur les 30000 personnes présentes sur les aires d'accueil du 15 décembre 2010, près de 14000 étaient des enfants de moins de 18 ans, soit 46 %, cette proportion étant relativement stable d'une année sur l'autre. Sous réserve que la composition des familles accueillies sur les aires d'accueil au 15 décembre soit similaire à celle des familles de gens du voyage séjournant en dehors des aires ou ne stationnant pas à cette date, la population des enfants du voyage pourrait être estimée, par extrapolation, à environ 80000 personnes.

Il est par ailleurs probable que la population des gens du voyage de plus de 80 ans ne représente qu'une part mineure de ceux-ci, leur espérance de vie étant souvent inférieure à la moyenne. À titre indicatif, le rapport Delamon[1] estimait la part des plus de 65 ans à 4 % de la population, contre 12,3 % au sein de l'ensemble de la population française à cette date. Dans le Morbihan, un des rares départements à recueillir cette information, la part des personnes âgées (60 ans et plus) représente 3,5 % seulement de la population accueillie sur les aires.

Enfin, les ménages de gens du voyage ayant un ancrage territorial ne disposent pas nécessairement de type de circulation dès lors qu'ils sont propriétaires ou locataires de la résidence principale. Or ces ménages pourraient représenter un nombre significatif de personnes.

Il reste que l'absence de données statistiques constitue une difficulté majeure pour les politiques publiques.

---

1. Consultable en ligne sur http://fnasat.centredoc.fr/opac/doc_num.php?explnum_id=194.

Extrait de l'encadré

« La disparité des estimations relatives au nombre de gens du voyage présents en France »

En l'absence de données statistiques précises, les rapports postérieurs au rapport Delamon sont généralement appuyés sur les chiffres de ce dernier : le rapport de M. Jean-Paul Delevoye de 1997 reprend ainsi la fourchette de 220 000 à 250 000 personnes et le rapport du sénateur Pierre Hérisson de juillet 2011 précité retient une fourchette de 240 000 à 300 000 personnes.

Les associations retiennent pour leur part une estimation généralement beaucoup plus élevée, de 250 000 à 500 000 personnes, prenant davantage en compte les gens du voyage ayant un « ancrage territorial » : il peut s'agir de gens du voyage semi-sédentaires, qui ne voyagent qu'une partie de l'année, de gens du voyage sédentarisés.

Ces données sont également celles avancées par le Conseil de l'Europe, qui considère que le nombre de gens du voyage est compris entre 300 000 et 500 000 personnes en France.

I. Bohémiens et vagabonds (1850-1911)

L'ouest de l'Europe a connu, dès la fin du Moyen Âge, la circulation de toutes sortes de bandes, armées ou non. Certaines étaient composées de ce que l'on appelait des « Égyptiens » – souvent considérées comme les ancêtres des Tsiganes actuels. Elles étaient menées par des « capitaines de Bohémiens ». Ces troupes avaient une particularité : outre leurs allures étranges, elles étaient constituées d'hommes, de femmes, de nombreux enfants et de quelques vieillards – de familles donc.

En France, certaines de ces troupes ont été longtemps au contact de l'aristocratie mettant à son service leurs compétences militaires, de pourvoyeurs de chevaux ou de divertissements. Le parrainage d'enfants de Bohémiens par des membres de la noblesse ou de la bourgeoisie perdura longtemps. Mais comme l'écrit Henriette Asséo :

« Lorsque les monarques s'avisèrent d'interdire la guerre privée et mirent au pas leur noblesse guerrière, ils s'en prirent à leurs serviteurs tsiganes qu'ils condamnèrent au bannissement collectif. [...] Quant aux individus isolés, ils étaient condamnés en dehors de tout délit prouvé à condition d'être identifiés comme Bohémiens ou Égyptiens[1] ».

Peu à peu, les troupes disparaissent au profit d'une circulation par groupes réduits mais qui demeurent en contact les uns avec autres : les réseaux familiaux perdurent, pouvant alterner des périodes de séjour urbain ou de vie nomade dans les campagnes.

Au XIXe siècle, les descendants de ces familles se sont insérés dans l'économie du monde rural devenant des prestataires de services (étamage, fabrication et vente de paniers, de cordes, de dentelles, parfois se louant à la journée pour des travaux divers, les femmes continuant la tradition de lectures des lignes de la main et de mendicité). Ils croisent d'autres familles issues du monde rural qui mènent la même vie,

1. Asséo, 1994.

mais aussi de nombreux marchands ambulants, travailleurs migrants saisonniers, anciens soldats et vagabonds. Les familles de « Bohémiens » sont alors perçues par les pouvoirs publics comme des « bandes d'individus vagabonds et nomades[1] ».

D'autant plus que de nouveaux venus apparaissent dans le paysage français à cette période : ce sont des « Tziganes » ainsi que l'on nomme ces familles exotiques arrivant de l'Est de l'Europe ou des Balkans. Ils n'ont pas du tout la même allure que les Bohémiens qui errent dans les campagnes : leurs habits sont extrêmement colorés, les femmes ont de longues robes multicolores, un foulard roulé sur la tête et portent souvent de longs colliers de pièces d'or ; les hommes portent d'étranges chapeaux et de hautes bottes. Tous se déplacent en chariot (et certains plus tard en train) et installent de vastes tentes.

Quelques-uns exhibent des animaux (ours, singes...) même s'ils sont bien moins nombreux que les montreurs d'ours ariégeois à la même période. La presse, en

1. Circulaire de 1864.

particulier dans ses suppléments illustrés, met systématiquement en scène les Tziganes et les Bohémiens accompagnés d'ours, pratiquant ainsi un amalgame entre des personnes aux histoires fort différentes et leur attachant une image de sauvagerie voire de dangerosité par la présence animale qui échappe souvent au contrôle de l'homme[1].

Tout cela contribue fortement à la « dénationalisation » (comme le souligne Henriette Asséo) des Bohémiens français qui ont pourtant un « enracinement historique pluriséculaire ».

À cela s'ajoute, par les efforts conjugués de la presse et des pouvoirs publics, l'exploitation de plusieurs faits divers (l'affaire Vachet, vagabond plusieurs fois meurtrier, par exemple) afin de certifier de la dangerosité particulière de l'ensemble de ceux qu'on appelle à partir de ce moment-là les « nomades ».

Un recensement national de tous les « nomades, bohémiens et vagabonds » est confié à la gendarmerie en 1895.

1. Bordigoni, 2013.

400 000 personnes sont enregistrées dont « 25 000 nomades en bande circulant en roulotte » ; ils seront rapidement qualifiés de « nomades à caractère ethnique », les distinguant ainsi des trimards, chemineaux et autres travailleurs saisonniers ou occasionnels voire clochards.

Nomades

Depuis la fin du XIXe siècle, la logique policière de surveillance et d'identification des personnes s'est accrue, ainsi que les méthodes : constitution de notices individuelles avec description des personnes, photographies et empreintes digitales et évidemment mise en place de fichiers permettant le traitement des informations et l'actualisation régulière des données. Comme de nos jours, le premier argument consiste à affirmer qu'il s'agit de pouvoir repérer les « récidivistes », puis les identités usurpées, etc.

La population « nomade » ne peut pas être systématiquement poursuivie pour délit de vagabondage. Pour être constitué, celui-ci doit réunir trois conditions : défaut de domicile, défaut de moyen de subsistance et défaut d'exercice habituel d'un métier. Or, bien souvent, les juges – à la différence des gendarmes – considèrent que la roulotte constitue bien un domicile même s'il n'est pas fixe, donc une des trois clauses nécessaires pour constituer le délit de vagabondage ne tient pas.

Nomade certes, la plupart de la population visée dispose d'un habitat, souvent des roulottes. Elles sont souvent sommaires mais d'autres sont construites par des artisans spécialisés. De plus, ces personnes déclarent aux juges exercer des métiers leur procurant des ressources.

Mais les autorités affirment toujours qu'elle constitue le « fléau des campagnes ». Il faut donc organiser une surveillance systématique et se donner les moyens législatifs de celle-ci, et – à l'occasion – créer les conditions nouvelles qui permettront de verbaliser et emprisonner les personnes qui contreviendraient à des infractions nouvellement inscrites dans la loi[1].

---

1. Bordigoni, 2010.

Le Dictionnaire général de police administrative et judiciaire

À la fin du XIXe siècle paraît un *Dictionnaire général de police administrative et judiciaire*.

Il y a un intérêt tout particulier à considérer ce dictionnaire pour tenter de comprendre la logique policière au XIXe siècle à propos des Bohémiens : il s'agit d'un *corpus* cohérent, quatre volumes présentant, commentant et parfois citant des extraits de circulaires, d'avis jurisprudentiels, de lois sur les questions administratives et judiciaires que rencontrent les commissaires de police. Il a une vocation pratique et pédagogique. Il est écrit par un ancien commissaire, devenu éditeur d'un *Journal des commissaires de police*, et a connu plusieurs rééditions. Il comprend bien sûr un article « bohémiens », mais aussi un article « saltimbanques » auquel le premier renvoie, et toute une série d'articles qui de près ou de loin concernent les « bohémiens » : vagabondage, mendicité, étamage, vols d'enfants, passeports, étrangers, nationalité, identités, certificats, ... Seule entrée ethnonymique du dictionnaire, « bohémiens » semble cristalliser nombre de peurs communes aux autorités, en tout état de cause à la police qu'elle soit haute ou basse, comme le précise Brayer; s'intéresser à l'ensemble du dictionnaire permet d'essayer d'esquisser une analyse contextuelle de ce terme « bohémiens » dont le champ sémantique ne cesse de se mouvoir autour d'un noyau qui, selon les époques, paraît plus ou moins précis; et encore à une même période, par exemple cette seconde moitié du XIXe siècle, il y a sûrement plusieurs acceptions du terme qui ne se recouvrent pas : les romantiques ont un tout autre regard sur « la tribu prophétique » que les services de police. Nous pouvons lire ce texte comme un résumé de la vision étatique à propos de ces populations qui font l'objet d'une surveillance particulière et ainsi mesurer l'évolution du regard que la société porte sur elles. Il est particulièrement intéressant en ce qu'il constitue une référence pour l'organisation des rapports entre les représentants de l'État et ces populations.

Félix Brayer, *Dictionnaire général de police administrative et judiciaire*, 4 tomes, Paris, Larose & Forcel, 1888-1892.

Bohémiens

Surveillance à exercer. – Devoirs des autorités

La dénomination de bohémiens s'applique aux individus étrangers, nomades et vagabonds qui, réunis en bandes, parcourent le territoire et s'arrêtent de préférence dans les faubourgs des villes ou à l'entrée des villages.

L'administration s'est occupée à diverses reprises de la surveillance à exercer sur ces individus ; deux instructions du ministère de l'Intérieur ont notamment prescrit des mesures à cet égard.

L'une, du 19 novembre 1864, reconnaît que l'action de l'autorité administrative, en pouvant s'exercer que dans les limites des lois pénales, se trouve le plus souvent paralysée par la situation spéciale de cette catégorie particulière d'individus qui n'ont, ni demeure fixe, ni religion, ni état civil. L'administration est alors empêchée d'exercer, à l'égard des individus désavoués et repoussés par tous les gouvernements, le droit d'expulsion résultant de l'article 7 de la loi du 3 décembre 1849.

Toutefois, ajoute cette circulaire, ceux de ces malfaiteurs nomades qui échappent à l'application de cette loi, tombent du moins sous le coup des articles 265, 271 et suivants du Code pénal. Il appartient dès lors aux tribunaux de leur faire une application ferme et sévère de ces dispositions, en prononçant contre eux une répression sérieuse, et surtout en leur appliquant toujours la même peine accessoire de la surveillance de la haute police.

C'est dans ce sens que le ministre de la Justice, par une circulaire du 18 mai 1858, a adressé des instructions aux procureurs généraux. Les préfets doivent donc se concerter avec ces magistrats, afin qu'il soit fait, dans leurs ressorts respectifs, une application énergique des lois de police concernant les vagabonds et les étrangers dangereux. Les bohémiens appartiennent, en effet, à l'une ou l'autre de ces catégories, souvent aux deux à la fois.

Les individus qui ne justifient pas d'un domicile et de moyens d'existence, doivent être déférés aux tribunaux comme vagabonds. Ceux d'entre eux dont la qualité d'étrangers et la nationalité ont été dûment constatées, doivent être, à l'expiration de leur peine, s'ils ont été condamnés, expulsés du territoire et conduits à la frontière de leurs pays, en vertu de l'article 7 de la loi du 3 décembre 1849. Les préfets doivent adresser au ministre de l'Intérieur des propositions à cet effet.

Si ces individus ont été soumis à la surveillance comme vagabonds, il doit leur être assigné à chacun une résidence séparée dans les localités où leur présence présentera le moins d'inconvénients.

Quant aux individus qui sont nomades à raison de leur profession, tels que les saltimbanques, musiciens et chanteurs ambulants, etc., ils sont soumis à des mesures de police déterminées par la circulaire ministérielle du 6 janvier 1863 et par la note du 28 mars suivant (*Saltimbanques*).

Les maires peuvent, au surplus, en vertu des droits que leur confère la loi municipale, interdire le stationnement sur la voie publique ou sur les terrains communaux des voitures servant au logement des bohémiens et autres individus nomades sans profession avouée, et prévenir ainsi les inconvénients de ces stationnements. Au besoin les préfets peuvent, chacun en ce qui concerne son département, prendre un arrêté général en ce sens, en se réservant toutefois d'accorder des autorisations spéciales pour les industries inoffensives et ayant dès lors droit à la protection de l'autorité (Circ. int., 19 nov. 1864).

Droit de l'autorité pour empêcher leurs incursions

L'administration, dit le ministre de l'Intérieur, a dû maintes fois déjà se préoccuper des inconvénients que peuvent offrir les passages de bandes de bohémiens et vagabonds, dites *camps-volants*, dans nos villes et surtout dans nos campagnes.

Toutefois, les mesures prises n'ont pu réussir que très imparfaitement à réprimer les abus résultants des incursions de ces nomades, et de nouvelles plaintes ont encore été adressées à l'administration à ce sujet. Le ministre rappelle donc à l'attention des préfets les instructions générales de ses prédécesseurs sur cette matière, et les invite à les appliquer, dans l'occasion, avec un redoublement de vigilance et de sévérité.

D'un autre côté, les administrations locales n'ont pas paru se rendre suffisamment compte des droits et des pouvoirs qu'elles tiennent directement de la législation et notamment de la loi des 16-24 août 1790, qui leur permet de réprimer, le cas échéant, et ce qui vaut mieux encore, de prévenir par voie réglementaire les abus dont il s'agit. Les préfets ont donc été invités particulièrement à éclairer par des instructions spéciales les municipalités, sur l'étendue et l'importance des attributions confiées à leur initiative propre, en cette matière. Et le ministre cite un arrêté du préfet de Saône-et-Loire qui pourrait, au besoin, indiquer en quel sens et dans quelles limites s'exercerait utilement sur ce point l'action municipale.

Par cet arrêté, en date du 20 mars dernier, le préfet a décidé que le stationnement sur la voie publique ou sur les terrains communaux des équipages de bohémiens serait interdit dans son département, et que les individus de cette catégorie qui ne justifieront pas d'un domicile et de moyens d'existence seront immédiatement arrêtés et déférés aux tribunaux comme vagabonds, sauf à l'administration à délivrer des autorisations spéciales à ceux d'entre eux qui exerceront des professions avouées et inoffensives.

Toutefois, sans proposer cet arrêté comme type de réglementation à appliquer d'une manière générale, le ministre a recommandé l'étude et l'adoption de toutes les mesures du même genre qui sembleraient propres à seconder l'action de l'autorité centrale dans la répression des méfaits signalés (Circ. int., 26 mai 1874). – Voy. *Saltimbanques*.

Circulaire du 19 novembre 1864

Ministère de l'Intérieur
Direction Générale de la Sûreté publique
1re division
2e bureau

Au sujet des vagabonds étrangers connus sous la dénomination de Bohémiens

Paris, le 19 novembre 1864

Monsieur le Préfet, depuis longtemps le gouvernement se préoccupe des moyens de garantir nos populations rurales contre les méfaits et les dépréciations de bandes d'individus vagabonds et nomades connus sous le nom de *Bohémiens*. [...]

S. Ex. M. le Ministre de la Justice, par circulaire du 18 mai 1858, a adressé des instructions dans ce sens à MM. Les Procureurs Généraux. MM. Les Préfets devront donc se concerter avec ces magistrats afin qu'il soit fait, dans leurs ressorts respectifs, une application énergique des lois de police concernant les vagabonds et les étrangers dangereux. Les Bohémiens appartiennent, en effet, à l'une ou à l'autre de ces catégories, souvent aux deux à la fois.

Une fois placés sous la surveillance légale, ces individus échapperont difficilement à la répression. [...]

MM. les Maires peuvent, au surplus, en vertu des droits que leur confère la loi des 16-24 août 1790, interdire le stationnement sur la voie publique ou sur les terrains communaux des voitures servant au logement des bohémiens et autres individus nomades sans profession avouée, et prévenir ainsi les inconvénients de ces stationnement signalés par MM. Les Préfets. Au besoin MM. Les Préfets peuvent, chacun en ce qui concerne son départe-

ment, prendre un arrêté général en ce sens, en se réservant toutefois d'accorder des autorisations spéciales pour les industries inoffensives et ayant dès lors droit à la protection de l'autorité.
Recevez, Monsieur le Préfet, l'assurance de ma considération très distinguée.

Le Ministre de l'Intérieur,
P. A (illisible)

Circulaire du 4 avril 1872

Sûreté générale
2e bureau
Bulletin intérieur 1872 – 163

Professions ambulantes. Vagabondage
(note de synthèse)

On signale sur plusieurs points du territoire, la présence de bandes de bohémiens dont les méfaits inquiètent les populations.
L'administration est à peu près désarmée à leur égard : ils exercent un métier ou prétendent en exercer un, et par conséquent ne peuvent être condamnés comme vagabonds, d'ailleurs l'autorité ne peut plus exercer à leur égard une surveillance efficace puisque, depuis le décret du 8 décembre 1851, les individus placés sous surveillance de haute police choisissent librement leur résidence et qu'on ne peut de ce fait disperser les bandes en des localités diverses; enfin, on ne peut les expulser, les gouvernements étrangers ne voulant pas les accepter.
Il importe absolument d'empêcher de pénétrer sur le territoire national tous les individus qui ne pourraient justifier de leur identité et de leur nationalité.

République française
Ministère de l'Intérieur

Circulaire du 27 juillet 1907

Direction de la Sûreté générale

Contrôle général des recherches judiciaires
Paris, le 27 juillet 1907

Le Directeur de la Sûreté Générale
À Messieurs les Commissaires de police spéciaux et municipaux

L'exécution de ma circulaire du 4 avril dernier a permis de centraliser au Contrôle général des Services de Recherches judiciaires, créé à la Direction de la Sûreté générale, plus de 30 000 notices concernant des malfaiteurs professionnels ayant l'habitude de se déplacer. [...]
En ce qui concerne les bandes de nomades désignées sous le terme générique de *romanichels*, je vous rappelle qu'elles sont trop souvent composées de malfaiteurs ; je vous invite donc de la façon la plus pressante à exercer à l'égard de cette catégorie de gens sans aveu, la surveillance la plus active, et à profiter de toutes les occasions qui se présenteront pour les identifier ; vous ne manquerez pas de me faire parvenir immédiatement la notice de cette identification ainsi que l'itinéraire suivi par eux quand vous pourrez l'établir. Vous devrez, autant que possible, joindre à chaque notice une photographie de l'intéressé. [...]

Le Directeur de la Sûreté générale
HENNION

II. Le contrôle des nomades (1912-1938)

Une loi sur l'itinérance professionnelle et le nomadisme

Par son article 3, la loi du 16 juillet 1912 sur l'exercice des professions ambulantes et la circulation des nomades permet de créer les conditions nouvelles (c'est-à-dire des infractions inédites possibles) pour appliquer « les peines édictées contre le vagabondage », et ce pour les « nomades » et non pour les « ambulants » et les « forains ».

Cette loi constitue un ensemble de nouveautés de grande importance. Parmi les personnes qui sont amenées à vivre temporairement ou en permanence hors d'un domicile fixe répertorié, elle distingue :

– les personnes domiciliées, quelle que soit leur nationalité, qui exercent une activité commerciale ou industrielle ambulante (article 1er : les « ambulants »),

– les individus de nationalité française qui n'ont pas de domicile fixe mais ont une profession déclarée (article 2 : les « forains »),

– et article 3, les « nomades », quelle que soit leur nationalité : ceux qui n'ayant pas de domicile fixe (la roulotte étant reconnue comme un domicile par la jurisprudence sur le vagabondage), ne rentrent pas dans une des deux catégories précédentes et ce « même s'ils ont des ressources ou prétendent exercer une profession ».

L'article 7 exclut de l'application de la loi tous les salariés qui doivent vivre hors de leur domicile ou bien même qui n'en ont pas car la loi est silencieuse à ce propos : le fait d'être salarié[1] est une garantie suffisante pour l'État.

Il s'agit d'instaurer un contrôle des « indépendants ».

L'autre nouveauté initiée par cette loi est l'obligation pour une partie de la population

---

1. Les ouvriers des grands chantiers de l'époque (voies de chemin de fer, chantiers dans les villes…), les voyageurs de commerce et représentants, etc., bien que se déplaçant sans cesse sont des salariés et ne sont donc pas considérés comme des « nomades ».

vivant en France de disposer en permanence d'une pièce d'identité et d'être en mesure de la présenter à toute réquisition des officiers de police judiciaire ou des agents de la force (police, gendarmerie, gardes champêtres...) ou de l'autorité publique (maire...) sous peine de contravention.

Toutefois, chaque catégorie disposera d'un papier distinct :

– un simple récépissé pour les forains,

– une carte d'identité pour les ambulants,

– un carnet anthropométrique pour les nomades.

Les chefs de famille nomades devront pouvoir présenter aussi un carnet collectif comprenant tous les membres de la famille et chacun des véhicules utilisés par la famille devra être muni d'une plaque de contrôle spéciale.

Évidemment un défaut de l'une ou l'autre disposition constitue une nouvelle contravention.

Autre source de contravention pour les seuls nomades, l'obligation de faire viser chacun des carnets anthropométriques de la famille à chaque entrée et sortie d'une commune.

Une série de décrets précisera dès 1913 les modes d'application de la loi.

Le carnet anthropométrique comprend déjà la description détaillée de son titulaire dès l'âge de treize ans, ses photographies de face et de profil (selon les normes établies par Bertillon, en cinq exemplaires et au frais du « demandeur »), les empreintes digitales de ses dix doigts, sa profession. À son état civil s'ajoutera une partie sanitaire sur laquelle figureront les cachets des médecins ayant pratiqué les vaccinations obligatoires sous peine de contravention.

L'application de la loi de 1912 est une occasion extraordinaire pour la police française – en fait la Sûreté générale du ministère de l'Intérieur – d'établir un fichier central de tous les « nomades » et « forains », permettant d'obtenir une actualisation constante des données car celles-ci sont recueillies en préfecture qui dispose d'un exemplaire des fiches individuelles établies pour l'obtention d'un carnet anthropométrique ou d'un récépissé forain et dont copie doit être immédiatement adressée sous pli spécial au ministère.

Le texte de la loi de 1912 concerne des personnes qui sont de nationalité française ou étrangère, voire indéterminée. Mais la circulaire du 30 octobre précise clairement une part des personnes visées :

> « Les nomades sont généralement des roulottiers, n'ayant ni domicile, ni résidence, ni patrie ; la plupart vagabonds, présentant les caractères ethniques particuliers aux romanichels, bohémiens, tziganes, gitanos qui, sous l'apparence d'une profession problématique, traînent le long des routes, dans tous les pays d'Europe, sans soucis des règles de l'hygiène ni des prescriptions légales. [...] Les nomades vivent à travers la France dans des voitures, le plus souvent misérables, et chacune de ces maisons roulantes renferme parfois une famille nombreuse ».

Il est frappant qu'à côté d'une affirmation franche et tranchée quant à l'identité sociale des personnes visées, les formulations sont ponctuées d'adverbes ou d'expressions dénotant le flou des affirmations (« généralement », « la plupart », « le plus souvent », « parfois »...) comme si, une fois de plus, malgré tous les efforts de systématisation du classement, ces individus (ou une part d'entre eux) étaient encore en mesure de passer au travers des catégories finement tissées.

Ce fichage nouveau organisé par le ministère de l'Intérieur, à la fois local et centralisé, sera très performant au début de la Première Guerre mondiale pour mobiliser immédiatement tous les jeunes nomades citoyens français et placer certaines familles nomades « étrangères » ou suspectes (celles qui, après la guerre de 1870, avaient opté pour la France, les « Alsaciens-Lorrains[1] ») dans des centres de rétention.

Contrôle et vie quotidienne

L'application de la loi de 1912 ne va pas se faire de manière uniforme sur l'ensemble du territoire national pour des raisons pratiques et logistiques. Il faut le temps de publier les décrets et de fabriquer tous les documents générés par la nouvelle loi :

---

1. Après la défaite militaire de la France en 1870, une partie du territoire de l'Alsace-Lorraine devient allemande. Les habitants de ces régions qui choisissent de se réfugier en France doivent opter formellement pour la nationalité française. Ceux qui ne l'auront pas fait avant la guerre de 1914 seront considérés comme suspects et internés dans des centres de rétention. Ce fut le cas de certaines familles tsiganes originaires d'Alsace-Lorraine. À propos de l'internement des Tsiganes alsaciens-lorrains au cours de la Première Guerre mondiale, v. Filhol 2004.

les fiches individuelles d'identification, les cahiers d'enregistrements de demandes, les cartes d'identité pour les ambulants, les récépissés pour les forains et surtout les carnets anthropométriques pour les nomades.

Le carnet anthropométrique

Ces carnets anthropométriques sont de véritables livres – que les Manouches appelleront d'ailleurs le *baro lil*, le « gros livre », car d'un format supérieur à un livre de poche actuel. Il comprend plus de cent pages avec une couverture cartonnée et une reliure toilée. Tout individu de plus de treize ans devait l'avoir sur lui en permanence (il est facile d'imaginer comme cela était bien peu commode !). Bien souvent, le carnet anthropométrique était glissé entre le pantalon et la peau ou dans le soutien-gorge et s'abîmait vite. Ce qui donnait une nouvelle raison aux autorités de dresser un procès-verbal...

Se voulant un outil de lutte contre l'errance bohémienne – le fameux « fléau des campagnes », l'application de l'article 3 de la loi nécessite de ficher tous les « nomades » dès l'hiver 1913-1914. Des équipes de police spécialisée sont ainsi constituées, parfois aidées par des personnels pénitentiaires plus habitués à réaliser les mensurations et les photographies normalisées exigées.

Par exemple, à Moulins (Allier), dès le 4 janvier 1914, ce sont soixante-dix nomades qui sont regroupés sur le cours de Bercy et il faudra plus d'une semaine pour mener à bien les opérations d'identification et d'établissement des carnets anthropométriques. Elles se poursuivent dans le département où la brigade spécialisée se déplace de ville en ville tous les quatre jours (Gannat le 8, Lapalisse le 11, Montluçon le 15, etc.). Les opérations se déroulent sans incident notoire. Et les premières condamnations au tribunal correctionnel suivent rapidement. Dès le mois de mai 1914, on relève la première condamnation :

> « L. Marie-Louise n'a pas fait viser son carnet à Issoire alors qu'elle avait accompli cette formalité dans de nombreuses localités. Elle est condamnée à 48 heures [d'emprisonnement] ».

Tout l'arsenal de la loi est mis en œuvre dès son entrée en vigueur et on relève des condamnations pour défaut de preuves de vaccinations, de « plaque spéciale » sur un véhicule – cette plaque bleue en émail où est inscrit un numéro d'immatriculation ainsi que la mention « loi du 16 juillet 1912 » et qui désigne donc son utilisateur comme relevant du régime administratif des nomades.

Ainsi, le harcèlement des nomades, grâce à la nouvelle loi, est immédiatement effectif.

En même temps, les mêmes tribunaux se montrent plus cléments sur un autre sujet : nombre de nomades découvrent qu'ils sont considérés comme « insoumis » pour n'avoir pas accompli leur service militaire. Par exemple, un homme l'apprenant se constitue prisonnier, le tribunal l'acquitte ; tel autre n'a pas effectué « sa période d'instruction » mais comme l'écrit la presse locale :

> « Allez condamner un homme qui a huit enfants sur les reins. Le tribunal le condamne à un jour avec sursis ».

La loi cependant n'interdit pas la circulation des nomades, donc la vie quotidienne continue.

La plupart des familles se sont soumises à la nouvelle réglementation et les autorités remplissent leurs obligations : viser les carnets à l'arrivée et au départ de chaque commune. D'ailleurs, le plus souvent, elles connaissent de longue date ces familles dont les déplacements se font toujours dans les mêmes villages où elles continuent à vendre de la bimbeloterie, des paniers, à faire de l'étamage, mendier ou exécuter quelques travaux à la tâche (vider les fosses de purin, etc.).

On constate quelques condamnations pour des délits hors loi de 1912 : âne ou cheval broutant dans un champ ou « entravant la circulation » car il avait traversé la route et que son licol « barrait le passage », chapardage dans les champs ou poulaillers, cueillette d'osier sur des propriétés privées, vol nocturne d'une botte de foin pour les chevaux, ramassage de hérissons, chasse sans permis. Les hommes d'une famille sont poursuivis pour avoir pêché des truites à la main, mais surtout pour outrage public à la pudeur : ils étaient nus quand les gendarmes sont arrivés et ce, devant leurs enfants. Les femmes sont quelquefois assignées et condamnées pour escroquerie ou vol d'argent dans des maisons.

Les « grosses affaires » qui arrivent devant les tribunaux concernent toutes des conflits violents qui ont eu lieu entre nomades pour des histoires de familles, soit qu'il y a eu des morts ou des blessés, soit qu'un nomade a porté plainte contre un autre (vol de matériel pour l'étamage par exemple). La gendarmerie n'a, en général, aucune peine à appréhender les responsables puisqu'ils sont « bien connus ». De plus, il est facile pour la gendarmerie de faire suivre les informations aux brigades car elle dispose maintenant de moyens modernes de communication : le téléphone et le télégraphe.

Il n'est pas rare que les nomades ou les forains bénéficient pour leur défense des services d'un avocat – parfois toujours le même dans certaines petites juridictions ou quelquefois des notables d'importance (la presse relève dans une affaire jugée aux assises pour rixe entre nomades que les avocats viennent de Lyon et qu'il y a parmi eux le député-maire de Dijon).

Sur une période de vingt-cinq années, on ne relève, dans ces départements du centre de la France, que deux incidents opposant des nomades et des « paysans » – hormis une grande rixe entre des nomades et des bateliers (mais ceux-ci ne sont-ils pas aussi des sortes de nomades ?).

Le carnet collectif, outil de surveillance des familles

Chaque chef de famille est dans l'obligation de détenir un carnet collectif sur lequel sont inscrits toutes les personnes qui circulent avec lui, les membres de sa famille dès l'âge de deux ans mais aussi les personnes qu'ils peuvent avoir à leur service. De plus, doivent aussi y figurer la description détaillée de chacun des véhicules et le numéro de la « plaque spéciale ». Si les autorités (gendarmes, gardes champêtres...) constatent l'absence (temporaire ou non) d'un véhicule, ils sont en droit de demander des explications et de dresser un procès-verbal.

La description du véhicule doit préciser les couleurs de la peinture de chacun. Le simple fait de repeindre sa roulotte doit faire l'objet d'une déclaration à la préfecture et être inscrit sur le carnet collectif. Un représentant des autorités constatant que ce n'est pas le cas doit dresser un procès-verbal. Le simple fait d'aller à la préfecture pour se mettre en règle représente souvent plusieurs jours de voyage. À l'époque, les « nomades » parcourent entre cinq et quinze kilomètres par jour. Il faut traverser de multiples communes, à chaque fois faire viser à l'arrivée et au départ chacun des carnets anthropométriques des membres du groupe et s'exposer au risque d'un procès-verbal pour non-conformité du carnet collectif.

Dans les familles manouches, la tradition du mariage consiste pour un jeune homme « à enlever » sa future épouse puis après quelques jours à rejoindre la famille de son père. Le devoir du père du jeune homme que le couple va rejoindre, au terme de la loi, est d'aller immédiatement déclarer en préfecture que la jeune femme circule avec lui dorénavant et donc de la faire inscrire sur le carnet collectif. De même, le père de la fille doit tout aussi rapidement préciser que sa fille n'est plus avec lui. Les gendarmes verbalisent cette infraction.

Les tribunaux font preuve d'une rigueur de plus en plus forte dans l'application de la loi dans tous les registres que celle-ci permet.

Dans le même temps, les maires commencent à prendre des arrêtés annonçant l'interdiction générale de stationnement sur leur commune ; ce sont des secteurs entiers de certains départements qui tentent ainsi d'exclure la présence nomade sur leur territoire. En général, ces mesures s'accompagnent de consignes aux gendarmes et aux gardes champêtres pour multiplier les constats d'infraction et renvoyer au maximum les personnes visées devant les tribunaux.

Un souvenir des carnets et de ses usages

Jean C., dit « Nanou », a près de soixante-dix ans quand, au printemps 2004, il évoque les divers papiers d'identité que sa famille a eus depuis la loi de 1912. Au moment de l'entrée en application de la loi, à l'hiver 1914, son grand-père, « sinti-piemontesi », c'est-à-dire dont les ancêtres ont vécu en région italophone, vit en France ; il circule dans une « caravane à voliges » ; ses trois fils âgés de plus de vingt ans vivent avec lui. Ils sont nés en France.

Les autorités françaises délivrent à tous les membres de la famille âgés de plus de treize ans des carnets anthropométriques d'identité plus un « livret familial » comme l'appelle Nanou, le carnet collectif.

Il explique que sur ce « livret familial » :

> « Ils reportaient tout ce qui est individuel, tout ce qui avait marqué dans le carnet anthropométrique ; plus si tu avais la caravane, la couleur de la caravane ; si tu voulais repeindre, il fallait faire la demande à la préfecture ; plus on marquait les chevaux, leur couleur aussi, et leur nom et leur âge, tout ; en fait, tu étais considéré comme étranger, étranger à la France, c'était comme une tolérance. »

Pourtant, les autorités françaises ont bien noté que ses enfants sont nés en France et au moment de la déclaration de guerre, elles appellent sous les drapeaux les trois fils majeurs du sinti, le père de Nanou et ses deux oncles :

> « Y en a un, il est revenu placardé crois-moi, médaillé, d'ailleurs on l'appelait *le Médaillé* ; il habitait Limoges après la guerre de 14 ; il a plus jamais voyagé, il restait en maison il partait un peu l'été comme ça c'est tout. »

Détenteur pendant quelques années du carnet nomade, le père de Nanou va réussir à changer de statut.

« Mon père a dit : "On peut pas vivre avec ça, ça nous intéresse pas". Quand on voyageait, dès que tu arrivais dans une commune, il fallait faire signer le carnet, tous les carnets, et puis ils contrôlaient le collectif. Si un commis voyageait, il fallait qu'il soit marqué sur le gros carnet sinon, ils allaient en prison, un mois, le patron et le commis[1] ».

« [...] Dans les communes, tu étais mieux reçu que maintenant; même avec la plaque du monde qui était nomade [la plaque spéciale d'immatriculation portant la mention "loi du 16 juillet 1912" qui indiquait qu'il s'agissait de "nomades"]. Des fois, il y en avait bien qui ne voulaient pas qu'on reste mais il y avait toujours 48 heures rapport aux bêtes : les chevaux il faut qu'ils se reposent, qu'ils mangent, c'était la loi. Les *gadjé* [non-tsiganes] recevaient le monde mieux que maintenant. Mais si tu faisais signer le carnet que le lendemain [de l'arrivée sur le territoire de la commune], j'en ai connu qui sont allés au *chtar* [prison] un mois pour ça ».

« [...] Et puis quand un garçon se mariait et voulait voyager seul, il fallait faire tous les papiers à la préfecture; c'est difficile à expliquer. Quand une fille se mariait avec un nomade, elle se mettait sur le voyage et bien elle plongeait nomade. Alors on se mariait légitime[2], il y avait aussi des mariages à la colle, mais on se mariait légitime

1. Faisant valoir que ses fils étaient des anciens combattants, il obtient pour eux et du coup pour toute la famille de « sortir du carnet » et d'obtenir le statut plus confortable de « marchands ambulants ».

2. « Mariage légitime » est l'expression courante dans le monde du Voyage pour désigner le fait de passer à la mairie pour enregistrer (de manière « légitime » c'est-à-dire légale) un mariage « traditionnel » qui n'a de valeur qu'au sein du monde du Voyage.

pour refaire tous les papiers; y avait du mariage légitime et tout ça c'était rapport justement pour ne pas qu'il y ait du nomadisme parce que c'était très dur de faire sauter le carnet nomade... En se mariant légitime, on refaisait tous les papiers et le jeune prenait le récépissé marchand ambulant; mais c'était difficile ».

« [...] Il y a une époque où on voyageait tous ensemble, nous, le père; on n'avait plus le "gros carnet" [le carnet anthropométrique], on avait les récépissés et la famille les avait, alors quand les *schmit* [les gendarmes] arrivaient ils nous disaient : "Vous pouvez pas rester, il faut pas que vous soyez avec les nomades", tous ils le disaient pas ça, mais des fois ils le disaient ».

« [...] Après la guerre de 14, quand mon père a dit "On peut pas vivre avec ça, ça nous intéresse pas", alors il a loué une maison, dans un petit pays, là-bas dans le Tarn-et-Garonne. Là, il s'est fait faire des papiers ambulants, des récépissés ambulants. On avait le récépissé, la carte d'identité et la carte d'électeur – mon père a toujours voté. On est devenu marchands ambulants. On est resté je ne sais plus combien d'années dans cette maison là-bas mais tout en voyageant, bien sûr, tout en voyageant; on venait que l'hiver passer trois mois dans la maison puis on attelait les chevaux, on reprenait la caravane et on repartait. Mais il fallait toujours revenir trois mois. On s'est fait enlever le récépissé car il fallait toujours revenir à la maison ».

Loi du 16 juillet 1912

Le Sénat et la Chambre des députés ont adopté,
Le Président de la République promulgue la loi dont la teneur suit :

Art. 1er.
Tous individus domiciliés en France ou y possédant une résidence fixe, qui voudront, quelle que soit leur nationalité, exercer une profession, une industrie ou un commerce ambulant, seront tenus d'en faire la déclaration à la préfecture ou à la sous-préfecture de l'arrondissement où ils ont leur domicile ou leur résidence fixe.
La déclaration comprendra les noms, prénoms, professions, domiciles, résidences, dates et lieux de naissance des déclarants. Récépissé leur en sera délivré sur la seule justification de leur identité. [...]

Art. 2.
Tous individus de nationalité française qui, n'ayant en France ni domicile, ni résidence fixe, voudront circuler sur le territoire français pour exercer la profession de commerçants ou industriels forains, devront demander un carnet d'identité reproduisant leur signalement avec photographie à l'appui et énonçant, leurs noms, prénoms, lieux et dates de naissance, ainsi que leur dernier domicile ou leur dernière résidence avec l'indication du genre de commerce ou d'industrie qu'ils entendront exercer. [...]

Art. 3.
Sont réputés nomades pour l'application de la présente loi, quelle que soit leur nationalité, tous individus circulant en France, sans domicile ni résidence fixes et ne rentrant dans aucune des catégories ci-dessus spécifiées, même s'ils ont des ressources ou prétendent exercer une profession. Ces nomades devront être munis d'un carnet anthropométrique d'identité. [...]

Tous nomades séjournant dans une commune devront, à leur arrivée et à leur départ, présenter leurs carnets à fin de visa, au commissaire de police, s'il s'en trouve un dans la commune, sinon au commandant de la gendarmerie, et, à défaut de brigade de gendarmerie, au maire.
Le carnet anthropométrique d'identité devra être présenté par son titulaire à toute réquisition des officiers de police judiciaire ou des agents de la force ou de l'autorité publique.
Toute infraction aux dispositions du présent article sera punie des peines édictées contre le vagabondage.

Art. 4.

Le carnet anthropométrique d'identité est individuel. Toutefois, le chef de famille devra se munir d'un carnet collectif comprenant tous les membres de la famille.
Les mentions à porter sur ces carnets seront déterminées par les règlements d'administration publique prévus à l'article 10 de la présente loi. Elles comporteront notamment :
1° L'état civil et le signalement de toutes les personnes voyageant avec le chef de famille, ainsi que les liens de droit ou de parenté le rattachant à chacune de ces personnes;
2° La mention, au fur et à mesure qu'ils interviendront, des actes de naissance, de mariage, de divorce et de décès des personnes ci-dessus visées. Dans chacune de ces circonstances, le carnet devra être produit aux officiers de l'état civil pour l'inscription desdites mentions;
3° Le numéro de la plaque de contrôle spécial dont devront être munis, à compter de la mise à exécution de la présente loi, les véhicules de toute nature employés par les nomades, indépendamment des plaques prévues par les articles 3 de la loi du 30 mai 1851, et 16 du décret du 10 août 1852.
Toute infraction aux dispositions du présent article sera punie des peines portées aux articles 479 et 480 du Code pénal. [...]

Art. 11.
Un règlement spécial d'administration publique, rendu après avis du conseil supérieur d'hygiène publique de France, déterminera les mesures de prophylaxie, notamment les vaccinations et revaccinations périodiques, auxquelles devront être soumis tous les ambulants forains et nomades, ainsi que les étrangers visés à l'article 9 assujettis à la présente loi. Les infractions aux dispositions de ce règlement d'administration publique seront punies d'un emprisonnement de six jours à un mois et d'une amende de seize à deux cents francs (16 à 200 francs) ou de l'une de ces deux peines seulement. [...]

Fait à Paris, le 16 juillet 1912

A. FALLIERES

Par le Président de la République :
Le Ministre de l'intérieur
T. Steeg.

Décret du 16 février 1913

[...]

TITRE III. – NOMADES

Art. 7. Tout individu réputé nomade dans les conditions vues à l'article 3 de la loi du 16 juillet 1912 doit déposer à la préfecture ou à la sous-préfecture de l'arrondissement dans lequel il se trouve une demande à l'effet d'obtenir un carnet anthropométrique. Il est tenu de justifier de son identité.
Il doit, pour le département de la Seine, adresser sa demande à la préfecture de police.

Art. 8. Le carnet anthropométrique porte les nom et prénoms, ainsi que les surnoms sous lesquels le nomade est connu, l'indication du pays d'origine, la date et le lieu de naissance, ainsi que toutes les mentions de nature à établir l'identité.
Il doit, en outre, recevoir le signalement anthropométrique qui indique notamment la hauteur de la taille, celle du buste, l'envergure, la longueur et la largeur de la tête, le diamètre bizygomatique, la longueur de l'oreille droite, la longueur des doigts médius et auriculaire gauches, celle de la coudée gauche, celle du pied gauche, la couleur des yeux : des cases sont réservées pour les empreintes digitales et pour les deux photographies (profil et face) du porteur du carnet.
Tout carnet anthropométrique porte un numéro d'ordre et la date de la délivrance.
Il n'est pas établi de carnet d'identité pour les enfants qui n'ont pas treize ans révolus.

Art. 9. Indépendamment du carnet anthropométrique d'identité, obligatoire pour tout nomade, le chef de famille ou de groupe doit être muni d'un carnet collectif concernant toutes les personnes rattachées au chef de famille par des liens de droit ou comprises, en fait, dans le groupe voyageant avec le chef de famille. Ce carnet collectif, qui est délivré en même temps que le carnet anthropométrique individuel, contient :

1° L'énumération de toutes les personnes constituant la famille ou le groupe et l'indication, au fur et à mesure qu'elles se produisent, des modifications apportées à la constitution de la famille ou du groupe ;

2° L'état civil et le signalement de toutes les personnes accompagnant le chef de famille ou de groupe, avec l'indication des liens de droit ou de parenté le rattachant à chacune de ces personnes ;

3° La mention des actes de naissance, de mariage, de divorce et de décès des personnes ci-dessus visées ;

4° Le numéro de la plaque de contrôle spécial décrite à l'article 14 du présent décret ;

5° Les empreintes digitales des enfants qui n'ont pas treize ans révolus ;

6° La description des véhicules employés par la famille ou le groupe.

Le carnet collectif indique les numéros d'ordre des carnets anthropométriques délivrés à chacun des membres de la famille ou du groupe.

Art. 10. Il est établi, dans les préfectures et sous-préféctures, des notices individuelles et collectives contenant toutes les indications figurant aux carnets visés ci-dessus. Un double de notice est adressé au ministère de l'intérieur. [...]

Art. 12. Tout nomade devant séjourner dans une commune doit, à son arrivée et à son départ, faire viser son carnet individuel par le commissaire de police ; à défaut ou en l'absence de commissaire de police, par le commandant de la brigade de gendarmerie, et, à défaut de brigade de gendarmerie, par le maire de ladite commune.

Tous les agents de la force ou de l'autorité publique rencontrant des nomades, en cours de route doivent se faire présenter les carnets individuels et collectifs et apposer leurs visas sur le carnet individuel.
Les visas de ces diverses autorités sont apposés sur les cases du carnet individuel, avec indication du lieu, du jour et de l'heure. [...]

Art. 14. La plaque de contrôle spécial prescrite par l'article 4 de la loi du 16 juillet 1912 est apposée à l'arrière de la voiture d'une façon apparente. Elle doit mesurer au moins 18 centimètres de hauteur sur 36 de largeur, porter un numéro d'ordre en chiffres de 10 centimètres de hauteur, l'inscription « loi du 16 juillet 1912 » et l'estampille du ministère de l'intérieur.
Elle est délivrée par les préfectures et les sous-préfectures dans les mêmes conditions que les carnets d'identité.
Dans le cas où cette plaque serait délivrée postérieurement au carnet collectif, mention doit en être faite sur ce carnet et avis en est donné au ministère de l'intérieur.
En cas de perte de la plaque, le chef de famille ou de groupe fait immédiatement une déclaration de perte à la préfecture ou à la sous-préfecture de l'arrondissement dans lequel il se trouve. Un récépissé de la déclaration lui est délivré. Cette pièce devra être restituée au moment de la remise de la nouvelle plaque. En cas de vente ou de destruction de voiture, le chef de famille ou de groupe doit en faire la déclaration à la préfecture ou à la sous-préfecture de l'arrondissement dans lequel il se trouve. S'il remplace immédiatement la voiture vendue ou détruite, la plaque dont celle-ci était munie est apposée sur le nouveau véhicule, dont la description sera portée sur le carnet collectif, conformément aux prescriptions de l'article 9 du présent décret. Si le chef de famille ou de groupe ne rem-

place pas immédiatement la voiture vendue ou détruite, il doit déposer la plaque à la préfecture ou à la sous-préfecture. Mention de la suppression de voiture et du dépôt de la plaque est faite au carnet collectif.
Les préfectures et les sous-préfectures signalent sans retard au ministère de l'intérieur les déclarations de pertes de plaques, les ventes ou destructions de voitures, les dépôts de plaque et les appositions de plaque sur les nouveaux véhicules. [...]

Fait à Paris, le 16 février 1913
A. FALLIERES.

Circulaire suite au 26 mars 1913

CIRCULAIRE RELATIVE À L'APPLICATION DE LA LOI DU 16 JUILLET 1912 SUR L'EXERCICE DES PROFESSIONS AMBULANTES ET LA CIRCULATION DES NOMADES SUR LE TERRITOIRE DE LA RÉPUBLIQUE

Le MINISTRE de l'INTÉRIEUR à MM. les PRÉFETS

La loi du 16 juillet 1912 et le décret d'administration publique du 16 février 1913 ont comblé une lacune dans la législation française en réglementant, d'une manière précise, l'exercice des professions ambulantes et la circulation des nomades sur le territoire de la République.
Ces textes s'appliquent à trois catégories d'individus bien distinctes :
1° Les marchands ambulants;
2° Les commerçants et industriels forains;
3° Les nomades. [...]

III. Nomades
(articles 3 et 4 de la loi du 16 juillet 1912; articles 7, 8, 9, 10, 11, 12, 13 et 14 du décret du 16 février 1913)

XV. *Définition des nomades.* D'après l'article 3 de la loi du 16 juillet 1912, sont réputés nomades, pour l'application de ladite loi, quelle que soit leur nationalité, tous individus circulant en France sans domicile ni résidence fixe, et ne rentrant pas dans la catégorie des marchands ambulants ni dans celle des forains, même s'ils ont des ressources ou prétendent exercer une profession. Comme l'a fait observer M. Étienne Flandin, à la séance du Sénat, le 22 décembre 1911, les nomades sont généralement des « roulottiers » n'ayant ni domicile, ni résidence, ni patrie, la plupart vagabonds, présentant le caractère ethnique particulier aux romanichels, bohémiens, Tsiganes, gitanos, qui, sous l'apparence d'une profession problématique, traînent le long des routes, sans souci des règles de l'hygiène ni des prescriptions légales. Ils exercent ou prétendent exercer un métier ; ils se donnent comme étant rétameurs, vanniers ou rempailleurs de chaises, maquignons. Les nomades vivent à travers la France dans des voitures le plus souvent misérables, et chacune de ces maisons roulantes renferme parfois une famille assez nombreuse. On ne peut, dans l'état actuel de la législation, leur appliquer la loi sur le vagabondage parce que, en fait, ils ont un domicile, leur roulotte ; ils exercent ou paraissent exercer un métier, et ils ne sont pas toujours sans ressources.

Les forains de nationalité étrangère sont soumis au même régime que les nomades ; c'est ce qui résulte de l'article 2 de la loi du 16 juillet 1912.

XVI. *Demande de carnet anthropométrique d'identité.* Tout individu réputé nomade dans les conditions prévues à l'article 3 de la loi du 16 juillet 1912 doit déposer à la préfecture, s'il se trouve dans l'arrondissement chef-lieu du département, à la sous-préfecture pour les autres arrondissements, une demande à l'effet d'obtenir un carnet anthropométrique d'identité. Pour le département de la Seine, la demande est adressée à la préfecture de police. L'intéressé est tenu de justifier de son identité et doit indiquer :

1° Ses nom, prénoms, ainsi que les surnoms sous lesquels il est connu ;

2° L'indication de son pays d'origine ;

3° La date et le lieu de sa naissance.

La délivrance du carnet anthropométrique n'est jamais obligatoire pour l'administration.

Ce carnet, dont le modèle est fixé par arrêté ministériel du 26 mars 1913, porte un numéro d'ordre et la date de sa

délivrance. Il mentionne l'état civil du titulaire, sa nationalité, les pièces d'identité qu'il a produites, le genre de commerce, d'industrie ou de métier exercé. Il contient son signalement anthropométrique. Les empreintes digitales des deux mains du nomade doivent être apposées sur l'emplacement réservé à cet effet (pages 2 et 3). En outre, deux photographies (profil et face) ayant une dimension de 3 à 4 centimètres, mesurée de l'insertion des cheveux à la pointe du menton, doivent être collées à l'emplacement indiqué à la page 2. Chaque photographie sera revêtue du cachet de la préfecture ou de la sous-prefecture afin d'éviter toute fraude ultérieure par substitution de photographie. Le cachet doit être apposé partie sur la photographie et partie sur la feuille du carnet.
Il n'est pas établi de carnet anthropométrique pour les enfants qui n'ont pas 13 ans révolus.

XVII. *Notice individuelle des nomades*. Aux termes de l'article 10 du décret du 16 février 1913, il est établi dans les préfectures et les sous-préfectures des notices individuelles contenant toutes les indications figurant au carnet anthropométrique.
Quand les préfets et les sous-préfets délivrent à un nomade un carnet anthropométrique, ils doivent avoir soin de faire établir, en double exemplaire, une notice conforme au modèle annexé à l'arrêté ministériel du 26 mars 1913. Cette notice qui mentionne l'état civil, le signalement et la situation au point de vue militaire de l'intéressé, doit porter le numéro d'ordre du carnet anthropométrique qui lui a été remis, ainsi que la date de la délivrance. En outre, deux épreuves de la photographie (profil et face) du titulaire du carnet sont collées à l'emplacement indiqué, et les empreintes digitales des deux mains sont apposées sur les cases réservées à cet effet.

Un des exemplaires de la notice est conservé dans les archives de la préfecture ou de la sous-préfecture. L'autre exemplaire doit être transmis immédiatement au ministère de l'intérieur.

XVIII. *Établissement du signalement anthropométrique.* Conformément aux prescriptions de l'article 8, paragraphe 2 du décret du 16 février 1913, le signalement anthropométrique des nomades indique notamment la hauteur de la taille, celle du buste, l'envergure, la longueur et la largeur de la tête, le diamètre bizygomatique, la longueur de l'oreille droite, la longueur des doigts médius et auriculaire gauches, celle de la coudée gauche, celle du pied gauche, la couleur des yeux. Le personnel des préfectures ou des sous-préfectures n'est pas en mesure d'établir le signalement anthropométrique, ni de prendre les empreintes digitales. Aussi ces opérations devront, autant que possible, être effectuées par les commissaires et inspecteurs des brigades mobiles et les agents des services anthropométriques qui ont été organisés dans plusieurs grandes villes.

Mais dans le cas où ces fonctionnaires ne pourront y procéder, il sera nécessaire de faire appel aux gardiens-chefs des prisons que M. le Ministre de la justice a bien voulu autoriser à prêter leur concours à l'administration préfectorale. Toutefois, comme le personnel de garde dans quelques maisons d'arrêt est assez restreint (il y en a même qui n'ont à l'effectif qu'un seul agent, gardien-chef), il est indispensable, dans un but de sécurité, que les nomades y soient amenés individuellement par la gendarmerie ou par des agents de la force publique.

Le gendarme ou l'agent, chargé de conduire les nomades, sera porteur du carnet anthropométrique et des deux notices individuelles qu'il devra rapporter à la préfecture ou à la sous-préfecture quand les opérations anthropométriques auront été terminées. C'est alors seulement que ces pièces sont datées, signées et que le carnet est remis à l'intéressé.

Pour les enfants âgés de moins de 13 ans, il n'est pas établi de carnet d'identité ni de notice. Mais l'article 9, paragraphe 5 du décret, qui prescrit la délivrance d'un carnet collectif au chef de famille ou de groupe de nomades, spécifie que ledit carnet contient les empreintes digitales des enfants dont il s'agit. Dans ce cas, le gendarme ou l'agent qui conduit l'enfant est porteur seulement du carnet collectif. Il n'y a pas lieu de prendre les empreintes digitales des enfants ayant moins de deux ans ; c'est seulement lorsqu'ils viennent à dépasser cet âge que le titulaire du carnet collectif doit faire apposer leurs empreintes digitales.

XIX. *Carnet collectif.* Indépendamment du carnet anthropométrique d'identité, obligatoire pour tout nomade, le chef de famille ou de groupe doit être muni d'un carnet collectif concernant toutes les personnes rattachées au chef de famille par des liens de droit ou comprises, en fait, dans le groupe voyageant avec le chef de famille.

Ce carnet collectif, qui est délivré en même temps que le carnet anthropométrique individuel et porte un numéro comprend l'énumération de toutes les personnes constituant la famille ou le groupe et l'indication, au fur et à mesure qu'elles se produisent, des modifications apportées à la constitution de la famille ou du groupe.

Il contient :

1° L'état civil du chef de famille ou de groupe avec l'indication du numéro d'ordre, de la date et du lieu de délivrance de son carnet anthropométrique individuel ;

2° L'état civil et le signalement de chaque personne accompagnant le chef de famille ou de groupe, avec l'indication des liens de droit, de parenté ou autres la rattachant au chef de famille ou de groupe, du numéro d'ordre de son carnet anthropométrique individuel, de la date et du lieu de délivrance de cette pièce.

3° L'indication des modifications survenues dans la composition de la famille ou du groupe, par suite de naissances, de mariages, de divorces, de décès, de départ de membres de la famille ou du groupe, ou de l'adjonction de nouveaux membres.

En conséquence, le chef de famille ou de groupe doit présenter le carnet collectif aux officiers de l'état civil pour leur permettre d'y mentionner les déclarations de naissance ou de décès qu'ils reçoivent, les mariages qu'ils célèbrent, les extraits des jugements de divorce qu'ils sont chargés de faire transcrire.

Dans le cas où un individu, porté au carnet collectif, vient à quitter la famille ou le groupe, le chef de famille ou de groupe doit en faire la déclaration à la préfecture ou à la sous-préfecture de l'arrondissement dans lequel il se trouve. Mention en est faite au carnet collectif. La même formalité doit être remplie quand la famille ou le groupe s'adjoint un nouveau membre.

Les préfectures et les sous-préfectures donnent immédiatement avis de ces modifications au ministère de l'intérieur.

4° Le numéro de la plaque de contrôle spécial dont les véhicules de toute nature employés par les nomades doivent être munis par application de l'article 4, paragraphe 3 de la loi du 16 juillet 1912 ;

5° Les empreintes digitales des enfants âgés de plus de deux ans, n'ayant pas 13 ans révolus;

6° La description des voitures employées par la famille ou le groupe. [...]

XXVIII. *Saisie des voitures et des animaux des nomades.* L'article 7 de la loi du 16 juillet 1912 dispose qu'en cas d'infraction soit à cette loi, soit aux lois et règlements de police, les voitures et animaux des nomades pourront être provisoirement retenus, à moins de caution suffisante. Les frais de fourrière seront à la charge des délinquants ou contrevenants; en cas de non payement, le jugement de condamnation ordonnera la vente dans les formes prévues par l'article 617 du Code de procédure civile.
La stricte application de cet article sera l'un des moyens de répression les plus efficaces. Il conviendra d'y recourir le plus souvent possible.
Les dispositions des articles 39 et 40 du décret du 18 juin 1811 sur les frais de justice et de l'article 617 du Code de procédure civile sont applicables aux voitures et animaux des nomades mis en fourrière en vertu de l'article 7 de la loi du 16 juillet 1912.
En outre, il y aura lieu de se conformer aux prescriptions du paragraphe 25 de la présente circulaire, relatif à la vente ou destruction de voitures.

XXIX. *Stationnement des nomades.* L'article 3 de la loi du 16 juillet 1912 spécifie que la délivrance du carnet anthropométrique d'identité ne fait pas obstacle à l'exercice des droits reconnus aux maires sur le territoire de leurs communes par les lois et règlements relatifs au stationnement des nomades.
Il s'en suit que les maires conservent le droit d'interdire le stationnement sur la voie publique ou sur les terrains communaux des voitures servant au logement des bohémiens,

romanichels ou autres nomades. Les préfets ont le même droit dans l'étendue de leur département. Il convient de remarquer, à cette occasion, que la plupart des arrêtés préfectoraux contiennent une disposition prescrivant que les nomades seront refoulés par les soins de la gendarmerie dans la direction de leur pays d'origine, reconnu ou présumé. Celle disposition ne peut avoir d'efficacité qu'en ce qui concerne les étrangers appartenant à un État limitrophe de la France et dont la nationalité est bien établie. Dans le cas contraire, les nomades seraient certainement repoussés sur notre territoire par les nations voisines, comme cela s'est produit à de nombreuses reprises. Par suite, le refoulement d'une bande de nomades de département à département ne fait que déplacer, sans les supprimer, les inconvénients résultant de leur présence en France.

XXX. *Communications concernant les nomades.* Toutes les communications relatives aux nomades doivent être envoyées au ministère de l'intérieur, sous le timbre de la direction de la sûreté générale (contrôle général des services de recherches judiciaires). Les dépêches télégraphiques doivent porter l'adresse suivante : « Intérieur, Sûreté, Recherches, Paris. »

IV. Dispositions générales
(article 8 et 13 de la loi du 16 juillet 1912)

XXXI. Les dispositions visant les marchands ambulants, les forains et les nomades ne sont pas applicables aux salariés de toute catégorie qui travaillent d'habitude dans les entreprises industrielles, commerciales ou agricoles. On peut citer, à titre d'exemple, les voyageurs de commerce, les livreurs de marchandises à domicile, les ouvriers quittant leur résidence habituelle pour aller faire la moisson ou les vendanges dans une autre région, ou pour aller travailler sur des chantiers de construction de routes, de chemins de fer, de canaux, les mariniers circulant sur les fleuves, rivières ou canaux.

XXXII. Il n'est en rien dérogé aux lois et règlements en vigueur concernant les pouvoirs du préfet de police, des préfets des départements et des autorités municipales pour la police de la voie publique, des halles, marchés, fêtes locales et généralement pour la protection du bon ordre, de la sûreté ou de la salubrité publiques.

Le Ministre de l'intérieur
L.-L. KLOTZ.

Note du 7 avril 1923

Ministère de l'Intérieur
Direction Générale de la Sûreté Générale
Contrôle général des services de recherches judiciaires
N° 101

Paris le 7 avril 1923

Le Ministre de l'Intérieur

À Messieurs les Préfets
(en communication à Messieurs les Commissaires Divisionnaires, Chefs de Brigade de Police Mobile)

[...]

Les Services du Ministère de la Guerre ont signalé à mon attention les inconvénients graves qui peuvent résulter de l'inscription au carnet anthropométrique de mentions insuffisamment vérifiées ou d'états civils, pour la transcription desquels des pièces authentiques n'ont pas été exigées.
C'est ainsi que tout récemment, au cours d'une instruction, nécessitée par la situation militaire de deux nomades, il a été établi que les mentions portées à leur carnet étaient inexactes et que ces individus, considérés comme étrangers mais auxquels la loi attribuait la nationalité française, devaient être poursuivis pour insoumission.
[...] Quant aux nomades qui ont dépassé la vingtième année, la notice individuelle établie en double exemplaire aux termes de l'article 10 du décret du 16 février 1913 doit mentionner à la suite de leur état civil leur situation au point de vue militaire.

J'attache la plus grande importance à la stricte exécution de ces instructions, dont l'inobservation est de nature à compromettre les résultats que l'on peut attendre de la loi du 16 juillet 1912.

P : Le Ministre de l'Intérieur
Le Directeur de la Sûreté Générale :
MARLIER.

III. L'internement (1939-1946)

L'assignation à résidence

Après la déclaration de la guerre, dès septembre 1939, l'administration française décide de limiter la circulation des nomades dans les départements côtiers et frontaliers. Suivra la décision d'assignation à résidence dans des lieux précis des nomades de chaque département.

Comme au moment de la Première Guerre mondiale, l'argument avancé par les autorités militaires – dont la gendarmerie relève – est la possibilité qu'auraient les nomades d'informer l'ennemi sur l'effort de guerre français. Cette mesure concerne ceux que l'administration a recensés comme « nomades », c'est-à-dire les détenteurs de carnets anthropométriques d'identité.

Nombre d'entre eux sont des familles « bohémiennes » ou « gitanes » comme l'on dit le plus couramment, mais certains sont des travailleurs isolés ou en famille, d'origine paysanne ou en provenance des colonies (Afrique du Nord, Indochine) qui disposent aussi de ce document afin d'éviter d'être suspectés de vagabondage. Entrent également dans cette catégorie de « nomades », les personnes de nationalité étrangère exerçant un métier ambulant, à l'exception des Belges pour qui une mesure dérogatoire spéciale a été établie entre les deux guerres.

Tous sont très facilement repérés puisqu'ils sont fichés dans chaque préfecture. Les brigades de gendarmerie connaissent les familles qui circulent régulièrement dans leur département, et sont aussi au courant des passages de celles qui traversent à un moment donné leur territoire puisque les détenteurs de carnets anthropométriques sont astreints à faire signer le dit carnet à la sortie et à l'entrée de chaque commune. Le ministère de l'Intérieur estime à 40 000 personnes le nombre de détenteurs de carnets anthropométriques à la veille des hostilités.

La situation des Tsiganes en France, en 1939 et durant le reste de la guerre, a été très différente selon le statut juridique dont ils relevaient (nomades / forains, sédentaires non repérés comme « d'origine nomade »), leur nationalité (française / russe, italienne ou autre), la période, le territoire (zone libre / zone occupée), les autorités auxquelles ils ont affaire (police française / gendarmerie / milice / autorités allemandes) et l'interprétation par celles-ci des décisions de l'administration de Vichy.

Rappelons qu'officiellement les autorités françaises ne connaissent pas la catégorie « tsiganes » mais celle de « nomades » issue de la loi de 1912. Les Allemands, eux, ne s'intéressent pas aux « nomades » mais aux *Zigeuners*. Ils n'entendent pas s'occuper des *Zigeuners* français ou non-allemands sauf s'ils sont résidents dans des territoires qui relèvent du Grand Reich où s'appliquent les lois allemandes (pour le territoire français, cela concerne l'Alsace, une partie de la Lorraine et une partie du Nord de la France).

2011 a vu la reconnaissance officielle du génocide des Tsiganes d'Europe entrepris par les régimes nazis et certains de leurs

Tsiganes, Kkrist Mirror, Éditions Emmanuel Proust, 2008

alliés en Europe centrale et balkanique. Environ un demi-million de Tsiganes ont été exterminés dans toute l'Europe. Nombre d'entre eux ne l'ont pas été dans les camps de la mort, mais dans le pays où ils résidaient sans qu'il y ait de traces administratives, spécialité des nazis, car ces massacres étaient opérés par les forces de l'ordre locales[1].

Internement en France et déportation en Allemagne

Parmi les Tsiganes venant de France, quelques centaines connaîtront la déportation en Allemagne. Par contre, il y a eu 6 000 à 6 500 Tsiganes internés dans une trentaine de camps répartis sur l'ensemble du territoire national entre octobre 1940 et mai 1946.

Les conditions de vie dans ces camps ont été extrêmement difficiles et la mortalité importante. Outre les camps « ordinaires » (Montreuil Bellay, Arc-et-Senans...), le régime de Vichy a construit un

1. Asséo 1990 & 2002, Lewy, 2003. V. aussi le film *Mémoires tsiganes*, 2011.

camp « exemplaire » près d'Arles, à Saliers. Le film de Tony Gattlif, *Liberté* (en 2008), évoque l'histoire de l'internement des Tsiganes en France et se termine sur la déportation en camp d'extermination d'une famille qui avait décidé de rejoindre le Nord – territoire considéré par les Allemands comme faisant partie du Reich, où donc s'appliquaient les mesures anti-tsiganes.

Ce sont donc quelques centaines de Tsiganes français qui furent envoyés en Allemagne à des titres divers (familles réfugiées ou présentes dans le Nord, STO[1], réfractaires, résistants ou délinquants de droit commun...) mais il n'y a pas eu de déportation massive et systématique, les autorités allemandes comme françaises se préoccupant prioritairement de la « question juive[2] ».

En revanche, l'assignation à résidence des nomades a été immédiatement (1940) mise en œuvre par les forces de police et de gendarmerie. Plusieurs témoignages décri-

1. STO : service du travail obligatoire.
2. Filhol, Hubert, 2009 ; Sigot, 2010 ; *Études tsiganes*, 2/1995 & 13/1999 ; Pernot, 2001 ; Pechansky, 1994.

vent l'expérience qu'ont connue les familles à ce moment-là.

Dans ses mémoires (*Scènes de la vie manouche. Sur les routes de Provence avec les Sinti piémontais*[1]), Lick raconte l'expulsion de Toulon et l'assignation à résidence de sa famille, rejoignant d'autres Tsiganes du Var, dans une forêt près de Brignoles (Var), dans ce que les gendarmes appellent un « camp de concentration », en fait un espace naturel désertique à cinq kilomètres de la ville.

Les femmes ont la possibilité d'aller chiner (vendre et quémander au porte-à-porte), elles peuvent aussi aller au ravitaillement avec des tickets de rationnement mais trouvent peu de choses à rapporter pour nourrir les enfants. Après la chasse aux lapins et aux chats et les soupes aux herbes, il faut un jour se résoudre à tuer une mule qui sera partagée entre toutes les familles détenues. Puis, ils auront l'ordre d'aller stationner à Aups avec la possibilité de chiner dans seulement trois villages des alentours. Au cours des multiples contrôles, les garçons qui atteignent l'âge du service

1. Lick, 1998.

militaire sont envoyés à l'armée ; les carnets de circulation sont confisqués à tous et seuls peuvent circuler dans un espace délimité ceux qui détiennent un laissez-passer spécial.

« Au nombre des "indésirables" internés au Sablou, se trouvent cinq Tsiganes. [...] En Dordogne, pour l'année 1940, le "Camp de Fanlac" (Château du Sablou) est désigné pour l'internement des Tsiganes, également appelés "Bohémiens". Les hommes y sont assignés à résidence, sur ordre du préfet, tandis que roulottes, femmes et enfants sont cachés dans la forêt alentour. Au château, ils se rendent utiles aux cuisines, sculptent des cannes, tressent des paniers que, par humanité, des sympathisants communistes s'efforcent de vendre dans les villages voisins afin de leur procurer un moyen de subsistance. Musiciens, leurs violons les accompagnent. Sur une liste dressée le 10 octobre par le capitaine Daguet, on trouve les noms de Joseph Lagrenée, Wilhem Lagrenée et Johan Lagrenée, tous trois signalés comme "musiciens ambulants sans domicile fixe". Ils figurent sur une photographie montrant la troupe théâtrale du Sablou, les Tsiganes sont reconnaissables à leurs instruments[1]. »

Parmi les Tsiganes français, quelques familles ont pu « sortir du carnet » selon l'expression d'usage. Par exemple, dans une grande famille sinti – les C. – trois

1. Tronel, 2011.

frères ont combattu durant la guerre de 14-18. Anciens combattants ayant servi la France, ils vont pouvoir ne plus être sous le régime administratif des « nomades » mais obtenir celui de « commerçants non sédentaires » – « CNS » comme l'indique obligatoirement une plaque apposée à leurs véhicules. Pour cela, ils louent une maison dans le Tarn-et-Garonne où ils hivernent chaque année au moins trois mois. Au moment de la déclaration de guerre en 1939, ils rejoignent rapidement leur maison et y resteront durant tout le conflit. Ayant pu garder certains de leurs animaux de traits (chevaux, ânes...), les autres étant réquisitionnés comme ceux des paysans, ils offrent une main-d'œuvre agricole de substitution aux hommes partis au front ou au STO. Demeurant très discrets et non catalogués comme « nomades », ils ne seront pas inquiétés jusqu'à la Libération.

On se rend compte du danger que représente le fait d'être astreint au carnet anthropométrique et de l'extrême difficulté qu'il y a à changer de statut quand on lit les mémoires de Pierre Amiot, un batelier, fils d'un batelier et d'une manouche née dans le Puy de Dôme[1].

Sa mère est issue d'une famille nomade circulant en Bourgogne ; ils sont des « nomades » au sens de la loi de 1912. Sa mère *se nashav*[2] avec un *gadjo* (un non-tsigane) lui-même « sans domicile fixe » car batelier. Elle a changé de vie, elle travaille dans un restaurant, habite en maison mais craint toujours les contrôles car détentrice du fameux carnet anthropométrique. Les parents de Pierre Amiot, conscients du danger que représente ce statut pour leur fils, décident de le cacher et le placent chez des paysans durant toute la durée de la guerre, sans contact avec lui pour ne pas lui faire courir le risque d'être identifié.

L'internement des nomades a concerné principalement les Tsiganes de nationalité française ; Matéo Maximoff, Rom de Paris,

1. Amiot, 2007.

2. En manouche cela signifie « s'enlever ». En fait, une jeune femme et un jeune homme quittent chacun leur famille pour disparaître quelques jours ensemble. À leur retour, le père de la fille doit signifier sa colère, administrer une gifle à celle-ci et le jeune homme pour l'amadouer lui offre une bouteille de vin qu'ils boivent ensemble : le mariage est scellé sans autre formalité.

relate aussi l'internement de sa famille dans des camps (ou des espaces d'assignation) destinés aux étrangers.

« Quand les Roms Kalderash sont arrivés de Russie, ils n'avaient, pour beaucoup, pas de nationalité du tout ; certains étaient ce que l'on appelait des "Russes blancs", bien qu'ils soient arrivés avant la Révolution, dans les dernières années du XIXe siècle et les premières années du XXe. La génération qui a suivi était constituée de fratries avec quasiment une nationalité par frère ou sœur, selon qu'ils étaient nés en Espagne (comme Matéo Maximoff), en Italie, en France, en Angleterre[1]... ».

Traditionnellement, ces familles se déplaçaient en train avec leurs tentes ; ils n'ont jamais vécu en roulotte et n'étaient pas considérés comme « nomades ». Interné dans les Pyrénées, Maximoff rapporte qu'il a eu facilement un sauf-conduit lui permettant de circuler dans les campagnes pour gagner sa vie en proposant ses services d'étameur, réparateur d'objets métalliques, aiguiseur... Il aura pourtant à faire aux autorités (allemandes et milice) mais il semble bien que ce soit plutôt parce que « russe » il est suspecté

1. Williams, 2009.

d'affinités possibles avec le régime soviétique. À la fin de la guerre, ces familles roms se fixeront définitivement en banlieue parisienne[1].

L'assignation à résidence dans des communes où il n'était pas possible de continuer à vivre des activités traditionnelles (la chine, la vente au porte-à-porte de dentelles, de paniers, la bonne aventure, les fêtes foraines, les spectacles de cirque ou le cinéma ambulant, etc.) oblige les hommes à accepter des travaux salariés dans l'agriculture (cueillettes, vendanges...) mais aussi dans l'industrie ou le bâtiment.

Les autorités françaises ne perdent pas l'espoir que cela aidera à la sédentarisation définitive de certaines familles et à l'abandon du mode de vie du Voyage.

« Aucun crédit n'a été prévu pour l'application du décret du 6 avril; les assujettis ne sauraient, en effet, compter que sur leur travail pour assurer leur subsistance. Vous voudrez donc bien, toutes les fois que ce sera possible, choisir des zones de séjour de telle sorte que les nomades puissent trouver à proximité immédiate les moyens de gagner leur vie et celle de leur famille. Ce ne serait certainement pas le moindre bénéfice du décret qui

1. Jaulin, 2000.

vient de paraître, s'il permettait de stabiliser des bandes d'errants qui constituent au point de vue social un danger certain et de donner à quelques-uns d'entre eux, sinon le goût, du moins les habitudes du travail régulier. »

Lick se souvient que les hommes de la famille ont ainsi été mobilisés pour travailler ponctuellement sur des chantiers de voirie et purent grâce à leurs salaires faire quelques achats de nourriture.

La vie quotidienne des nomades assignés à résidence est difficile. Les contrôles sont permanents et les condamnations continuent à pleuvoir (comme avant guerre) pour défaut de sauf-conduit, défaut de visa de la mairie, etc., ainsi que le rappelle Joseph Valet[1].

Sorties de la commune sans autorisation du chef de brigade de gendarmerie pour aller vendre des paniers dans le canton voisin, deux femmes sont condamnées à quinze jours de prison en août 1943... J. Valet note aussi que :

« Certains crurent qu'il leur suffisait de devenir sédentaires en achetant une maison. Mais les tribunaux n'acceptaient que rarement cette solution. Henri Cheva-

1. Valet, 1995.

lier et Marie Reinhart avaient acheté une maison à Lamothe (Haute-Loire) quand ils furent verbalisés. Le tribunal de Brioude (10 novembre 1940) les condamna à deux mois de prison. Heureusement ils furent relaxés en cour d'appel de Riom le 14 février 1941. La famille Horn n'eut pas cette chance; le 2 septembre 1941 au tribunal de Clermont trois hommes et trois femmes comparaissent pour défaut de carnet, or ils possèdent une maison à Neschers, mais ce domicile ne fut pas accepté parce que trop petit et les six furent condamnés à quinze jours de prison. »

Il a recueilli de multiples témoignages de cette période dont celui de Vouzi Horn :

« J'avais sept ans quand ma famille a reçu l'ordre de ne plus circuler. Nous étions arrêtés au terrain de la Sarre à Clermont. Nous sommes restés deux ans, nous ne pouvions rien faire et nous mourrions de faim. Après le bombardement d'Aulnat, on nous a changés de commune, on a été à Puy-Guillaume. Les paysans nous ont bien reçus. On allait chez les vieux qui nous donnaient des tickets de pain car ils ne pouvaient pas le manger, il était trop dur. On travaillait aussi avec les paysans dans les champs. Nous y sommes restés jusqu'après la guerre, peut-être fin 1947 – début 1948. Juste après notre libération, on a vu arriver nos cousins qui sortaient des camps plus loin que Bourges. Ils avaient souffert encore plus que nous. D'abord ils sont presque tous morts quelque temps après. »

Les conditions de vie des Gitans qui étaient sédentaires, en particulier dans les grandes villes du sud de la France sont mal connues. La plupart n'ont pas été inquiétés, car rarement considérés comme « nomades ». Toutefois, on trouve dans certains textes, par exemple à propos de la communauté gitane d'Arles, des expressions telles que « les nomades qui vivent de manière sédentaire »... L'auteur de cet oxymore, architecte des bâtiments de France, entend bien parler de « Tsiganes » mais qui n'ont rien de nomades et donc ne rentrent pas officiellement dans les mesures d'assignation à résidence. Il emploie cette expression pour justifier la construction du camp de Saliers.

La vie quotidienne de ces familles – presque toutes françaises – a été marquée par les mêmes privations que le reste de la population ; nombre d'hommes mariés sont exemptés de service militaire du fait qu'ils sont pères de famille nombreuse et trouvent des emplois occasionnels en remplacement des hommes mobilisés, envoyés au Service du travail obligatoire en Allemagne ou bien prisonniers.

Au moment de l'assignation à résidence des familles nomades, il y a eu le contrôle systématique des carnets, et tous les hommes de nationalité française en âge de servir (et n'étant pas pères de famille nombreuse) sont partis rejoindre un régiment.

Plus tard, certains jeunes sont obligés de rejoindre les chantiers de jeunesse mis en place par le gouvernement de Vichy. Les uns finiront la guerre dans des camps de prisonniers en Allemagne, d'autres rejoindront les maquis. Comme par exemple ce « bohémien de l'Ardèche » dont se souvient un cadre des industries de tannerie :

« On l'appelait "le Bohémien". Avant guerre, il venait chaque année s'embaucher pour le tannage quand il y avait beaucoup de travail. Puis on l'a plus vu au début de la guerre et en 42 ou 43 il est apparu à la tête d'un petit groupe de résistants. Il est venu à l'usine, il est allé voir le responsable de l'usine, un jeune homme de Paris qui avait fait les Arts et Métiers, un ingénieur. Et là c'est le Bohémien qui est devenu le chef, pas de l'usine, des résistants, l'ingénieur a rejoint la Résistance et il était sous les ordres du Bohémien[1] ! ».

À l'inverse, quelques familles ont vécu de terribles drames : en Auvergne, à la Libération quelques résistants de la der-

1. Marc Bordigoni, enquête orale, Ardèche, 2011.

nière heure ont passé par les armes des familles entières sous le prétexte qu'elles avaient dû renseigner les Allemands; la preuve (à leur sens) : ils les avaient entendues parler en « allemand » avec des soldats... Or, les Manouches et Yéniches d'Auvergne parlaient encore assez souvent l'alsacien à cette période et c'était plus commode pour eux d'échanger dans cette langue qu'en français que chacun des interlocuteurs (soldats et « gitans ») ne maîtrisait pas.

L'initiative des mesures contre les nomades a été le fait de l'Administration française. Le fichage de cette population depuis la loi de 1912 a rendu possible l'application immédiate des mesures d'assignation à résidence et d'internement. L'occupant a toujours considéré que la charge du contrôle incombait aux autorités françaises qui n'ont jamais cessé d'employer tous les moyens en leur pouvoir pour rendre la vie difficile à ces familles, ne perdant pas de vue qu'il y avait là un moyen de faire disparaître cette « propension atavique » au nomadisme qui ne peut être qu'assimilée à un « fléau social ». Cela se traduira par la très lente levée des mesures de limitation de circulation, même après la fin des hostilités. Nombre d'assignés à résidence le resteront jusqu'en mai 1946 faute de directives claires données aux autorités locales sur ce qu'il convenait de faire des « nomades ».

Rapport du 6 avril 1940

Rapport au président de la République française

Paris, le 6 avril 1940

Monsieur le président,

En période de guerre, la circulation des nomades individus errants, généralement sans domicile, ni patrie, ni profession effective, constitue pour la défense nationale et la sauvegarde du secret, un danger qui doit être écarté.

Les incessants déplacements des nomades – qu'il ne faut pas confondre avec les forains, industriels ou commerçants, pour la plupart honorablement connus – leur permettent de surprendre des mouvements de troupes, des stationnements d'unités, des emplacements de dispositifs de défense, renseignements importants qu'ils sont susceptibles de communiquer à des agents ennemis.

Il convenait d'interdire la circulation des nomades et de les astreindre à une résidence forcée sous la surveillance de la police et de la gendarmerie. Tel est, Monsieur le Président, l'objet du décret que nous avons l'honneur de soumettre à votre haute approbation.

Le président du Conseil
ministre des Affaires étrangères
Paul RAYNAUD

Le ministre de la Défense
nationale et de la guerre
Édouard DALADIER

Le Garde des Sceaux
ministre de la Justice
Albert SÉROL

Le ministre de l'Intérieur
Henri ROY

Décret du 6 avril 1940

Le Président de la République française,

Vu la loi du 16 juillet 1912,

Vu le décret du 16 juillet 1926

Vu le décret du 1er septembre 1939, déclarant l'état de siège,

Vu l'article 463 du Code pénal et la loi du 26 mars 1891,

Vu la loi du 6 décembre 1939, modifiant l'article 36 de la loi du 11 juillet 1839 sur l'organisation de la nation en temps de guerre :

Le conseil des ministres entendu,

Décrète :

Article. 1er – La circulation des nomades est interdite sur la totalité du territoire métropolitain pour la durée de la guerre.

Article. 2 – Les nomades, c'est-à-dire toutes personnes réputées telles dans les conditions prévues à l'article 3 de la loi du 16 juillet 1912, sont astreints à se présenter tous les quinze jours qui suivront la publication du présent décret, à la brigade de gendarmerie ou commissariat de police le plus voisin du lieu où ils se trouvent. Il leur sera enjoint de se rendre dans une localité où ils seront tenus à résider sous la surveillance de la police. Cette localité sera fixée pour chaque département par arrêté du préfet.

Article. 3 – Les infractions à ces dispositions seront punies d'emprisonnement de un à cinq ans.

Article. 4 – Les dispositions de la loi du 16 juillet 1912 et du décret du 7 juillet 1926 qui ne sont pas contraires aux dispositions du présent texte, demeurent en vigueur.

Article. 5 – Le président du Conseil, ministre des Affaires étrangères, le ministre de la Défense nationale et de la Guerre, le ministre de l'Intérieur, le garde des Sceaux, ministre de la Justice, sont chargés, chacun en ce qui le concerne, de l'exécution du présent arrêté qui sera soumis à la ratification des Chambres, dans les conditions prévues par la loi du 11 juillet 1938 sur l'organisation de la nation en temps de guerre.

Fait à Paris, le 6 avril 1940
Albert LEBRUN

IV. La reprise du voyage (1947-1969)

La période de près d'un demi-siècle qui va aboutir à l'abrogation de la loi de 1912 est longue et porteuse de profondes modifications dans la vie de l'ensemble de la société française, et bien sûr dans le monde du Voyage qui en est partie prenante.

Reprise de la vie ordinaire

Petit à petit, au fil des libérations des camps français et de la disparition de l'assignation à résidence, les familles se rejoignent sur les territoires qu'elles parcouraient avant la guerre. Les Manouches et Yéniches déplacés ou ayant fui l'Auvergne y retournent et retrouvent ceux qui sont restés. Les Roms « russes » internés un temps au camp de Gurs ou de Rivesaltes puis assignés à résidence dans les Pyrénées rejoignent la région parisienne. Certains mettront des années avant de retrouver les leurs. C'est l'histoire de Raymond Gurême et des membres de sa famille qui ne se retrouvent qu'en 1950, soit sept ans après leur séparation et ce pour constater la « dégringolade » due à l'internement :

« Mes parents avaient tout perdu au cours de la guerre. Sitôt libérés de Montreuil Bellay, en 1943, mon père s'était rendu à Darnétal (lieu d'assignation de la famille en 1939) pour récupérer son camion, notre caravane, nos chevaux, notre argent et notre matériel de cinéma. Mais tout ce qui faisait sa vie et la nôtre s'était envolé. [...] Il n'avait aucune preuve de ce qui lui avait été confisqué et il a vite compris qu'il n'y avait rien à faire et qu'il ne parviendrait jamais à remonter un cirque et un cinéma ambulants. C'était trop cher pour ce qui nous restait, c'est-à-dire rien. [...] Sa sœur Suzanne et son frère Armand qui n'avaient pas été inquiétés pendant la guerre (en Belgique) se sont cotisés pour lui acheter une caravane, un cheval et une petite baraque avec jeu de quilles et d'anneaux. Mon père était parvenu à acheter un cheval. Avec ça, il vivotait, mais c'était la vraie dégringolade par rapport à notre situation d'avant-guerre. À cause de ceux qui nous avaient tout pris, avaient voulu nous faire crever dans le camp de Linas-Montlhéry et nous avaient laissés sur le carreau. [...] C'était une vie assez rude, totalement différente de ce que nous avions connu avant la guerre. Nous ne faisions plus partie des artistes ambulants mais des ouvriers agricoles itinérants. Cela changeait non seulement notre statut social, mais aussi le regard que les autres posaient sur nous, y compris les Voyageurs. Nous ne sommes jamais parvenus à remonter la pente et cette déchéance sociale n'a été que l'un des nombreux traumatismes de l'internement qui a laissé des traces sur plusieurs générations[1]. »

Beaucoup de familles du Voyage, Tsiganes ou non, ont tout perdu durant la période. C'est le cas des gens des cirques et des fêtes dont les animaux sont morts, les équipements confisqués mais aussi de nombre de marchands qui ont perdu leurs stocks et leurs outils de travail (véhicules, stands, etc.).

Mais la société française entame sa reconstruction ; à la ville comme à la campagne, les besoins sont immenses. Les savoir-faire des nomades, dans les services et le commerce, sont immédiatement remobilisables. Ils participent à la circulation des marchandises, au recyclage des matières premières, à la transformation et à la production, mais aussi pour certains aux divertissements (bals, fêtes...). Les anciens métiers – vanniers, étameurs, vente au porte-à-porte, cueillettes, vendanges, travail sur les ports et docks, tous ces emplois où l'on est payé à la « tâche faite » plutôt

1. Gurême, 2011.

qu'à l'heure – leur conviennent et comblent des besoins immédiats.

En milieu rural, les formes de l'échange, biens ou services contre nourriture plutôt qu'échange monétaire perdurent un temps.

Pour les autres, c'est gagner sa vie « sou par sou » et au jour le jour, comme on dit. La vie est précaire, l'habitat souvent bien sommaire : c'est la période des bidonvilles, des baraques ou des roulottes autoconstruites avec des planches de récupération et une simple toile comme toiture. Il faut reconstituer un capital pour pouvoir commander aux artisans des *vagi* (roulottes[1]) – des roulottes en bois bien faites et solides. Des jeunes couples manouches commencent leur vie avec une simple poussette de bébé qui transporte la toile sous laquelle ils abritent leurs amours et qu'ils tirent pour aller de lieux en lieux vendre quelques mètres de cordes ou un peu de bonneterie.

Toujours astreints au carnet anthropométrique individuel et au carnet collectif, quelques-uns apprennent à déjouer la situation : tel préfet issu de la Résistance n'admet pas le traitement particulier subi

1. Bordigoni, 2012.

par les nomades – citoyens français – du fait de la loi de 1912 et décide, unilatéralement de ne plus délivrer que des « récépissés forains » ; pour ces bénéficiaires l'avenir sera plus clément.

Pour les autres, la rigueur d'application de la loi sur les nomades perdure, les procès-verbaux et condamnations, y compris à la prison ferme, pour défaut de visa continuent jusqu'en 1969.

Joseph Valet, aumônier des Gitans d'Auvergne, publie une liste de cas de condamnation pour infractions à la réglementation sur l'usage du carnet anthropométrique :

> « Le 4 février 1963, Victor S. est parti voir un ami mourant. Il oublie son carnet au campement. Le tribunal de Clermont le condamne à un mois de prison ferme. [...] En mars 1967, Jean B. campe à Amplepuis, à la limite de deux communes. En faisant signer son carnet, il se trompe de mairie. Un jugement du 11 septembre 1967 le condamne à 262 F d'amende. Il a dû vendre un cheval pour payer[1]... »

D'autres cas encore sont mentionnés :

– un maire oublie de signer un des carnets de la famille, condamnation du père ;

1. Valet, 1968.

– une famille arrive le soir sur la commune et la gendarmerie est fermée, procès-verbal dès le matin au réveil ;

– stationnés dans une commune sans magasins, les femmes vont faire les courses à pied dans la commune voisine, procès-verbal ;

– etc.

Joseph Valet a aussi noté, dans ses carnets, les condamnations successives d'un jeune homme, un *gadjo* – français né en Algérie qui s'est marié avec une fille manouche, française mais « nomade » donc astreinte au carnet anthropométrique – pour défaut de carnet anthropométrique alors qu'ils vivent dans une maison. Il a même été verbalisé parce que, à six heures du matin, il n'a pas fait viser son carnet par la mairie où il réside en se rendant dans la commune voisine où il occupe un emploi salarié.

Pour une part de la société française, et tout particulièrement la gendarmerie en charge du contrôle des campagnes et des fichiers concernant les nomades, il y a une logique de la contamination : épouser une « nomade », statut en principe uniquement administratif, revient à devenir un « nomade ethnique ».

Le chanoine Saint Hilaire dans le Gers relève l'ensemble des comparutions devant les tribunaux du département durant neuf années. Il est précisé que cela concerne « les Gitans et familles d'origine nomade rattachées au département du Gers » (même quand il s'agit de sédentaires), et les nomades de toute provenance (dont beaucoup ne sont pas Gitans).

Un essai de statistique fait assez bien clairement apparaître l'importance relative des divers types de délits :

Carnets, visas, pièces d'identités	16,4 %
Infractions routières (défaut de permis, de carte grise, d'assurance)	16,9 %
Délits commerciaux (patente, affichage)	2,5 %
Ensemble de « défauts de papiers »	45,8 %
Larcins et vol de toute nature (poules, meubles, grivèlerie)	37,5 %
Ivresse publique (au volant ou non)	2,3 %
Violence, bagarre entre Gitans	3,0 %
Soit, pour l'ensemble des délits susceptibles de causer des dommages à autrui	42,8 %
Le reste se répartit en :	
Vagabondage (avec ou sans mendicité)	6,4 %
Adultères, abandon de famille	1,8 %
Délits divers (injures à la police, animal errant...)	11,4 %
Total	100 %

L'auteur poursuit son analyse en détaillant les peines infligées selon le type de délits, elles sont toutes très lourdes qu'il s'agisse d'amendes (soixante-quinze fois) ou de peine de prison ferme (trente-six fois) – il y a eu cinq relaxes. Pour les amendes, la moyenne est de 195 francs[1]. Les peines de prison de moins de un mois 18, un mois 10, deux mois 5, trois mois 3. Il note qu'« il arrive qu'un retard de 48 heures sur le carnet coûte deux mois de prison[2] ».

1948 – 1949 : trois nouvelles institutions

Ces années sont importantes dans l'histoire du traitement administratif des Tsiganes en France; non pas que la législation change ni encore moins les pratiques de harcèlement. Mais, pour la première fois, des personnes qui ont connu la situation des familles tsiganes durant la guerre vont, publiquement, se soucier de leur sort.

Trois instances nouvelles apparaissent dans le paysage français :

1. Soit 225 euros de nos jours. On imagine l'importance de la somme pour l'époque.

2. Colinon, 1974.

– du côté de l'Église catholique, l'Aide aux Nomades, qui deviendra rapidement l'Aumônerie nationale des Gitans ;

– du côté de l'État : « [...] un arrêté du 1er mars 1949 a institué une "Commission interministérielle pour l'étude des questions intéressant les populations d'origine nomade". Présidé par un conseiller d'État, cet organisme s'attache à dégager les conditions d'une politique permettant de favoriser l'évolution des populations d'origine nomade et leur intégration dans la communauté française » ;

– la création de l'association d'Études tsiganes.

L'Aide aux Nomades, future aumônerie

La période de la guerre a été l'occasion pour un certain nombre de découvrir la réalité « tsigane » en France. L'assignation à résidence et l'internement ont rendu visibles, dans la durée, des familles qui n'apparaissaient que de temps à autre dans les campagnes ou dans les faubourgs des grandes villes. Des situations particulièrement dramatiques, comme l'internement au camp de Poitiers, ont suscité la compassion d'acteurs importants souvent issus du monde catholique.

C'est le cas du père Fleury qui découvre les Manouches internés dans le camp mitoyen de celui dans lequel sont internées des familles françaises juives. La complicité de ces Tsiganes lui permettra d'accéder plusieurs fois à l'intérieur du camp et d'organiser le sauvetage de nombreux enfants – l'organisation de vastes « disputes familiales » permettant de distraire l'attention des gardes.

Le père Fleury sera reconnu « Juste parmi les nations » par l'État d'Israël. Mais il n'en oublie pas pour autant les familles manouches qui l'ont aidé. Avec Mme L'Huiller, épouse d'un éminent professeur de droit de Paris, elle aussi à Poitiers durant la guerre, ils vont s'efforcer et obtenir de la conférence des évêques que l'Église se soucie de l'évangélisation et de l'aide sociale à ces populations.

La Commission interministérielle

Placée sous la présidence d'un membre du Conseil d'État, la Commission mobilise différents services des ministères ainsi qu'un représentant des maires. Dans ses conclusions, publiées en 1979 seulement, on relève que la préoccupation réelle de la Commission concerne des « Tsiganes » et non les gens relevant du statut administratif de nomades. Il est d'ailleurs noté que nombre de Tsiganes ne relèvent pas de ce statut mais de celui de marchands ambulants ou de forains et qu'ils doivent quand même être l'objet d'une attention particulière de la part des services publics.

Le fait important de la création de cette Commission interministérielle est, qu'à partir de cette date, le ministère de l'Intérieur – donc la police – n'a plus l'exclusivité de la préoccupation des populations « nomades ». Le ministère des Affaires sociales et de la Population devient un partenaire important, ce que préciseront diverses circulaires et directives dans les années qui suivent.

L'association d'Études tsiganes

Parallèlement à cet effort de reconsidération de l'action publique envers les populations nomades, est apparue la question de l'absence de connaissance réelle de ces populations tsiganes. Un effort intellectuel est également à construire pour permettre une meilleure compréhension de leur univers par la société dans laquelle ils vivent. Cela se traduira par exemple, par la création de l'association « Études tsiganes » (et la création d'un bulletin du même nom en 1955) – annoncée dans la note de 1949 de la Commission interministérielle – dans laquelle on retrouve les mêmes acteurs et qui se donne comme objectif de favoriser la connaissance de l'histoire et de la vie de ces populations.

Encore une fois, ce ne sont pas des acteurs inconnus des institutions françaises qui vont jouer un rôle considérable puisque, en 1953, le premier « Que sais-je ? » intitulé *Les Tsiganes* est l'œuvre d'un professeur du Collège de France, Jules Bloch et les premières recherches historiques détaillées seront le fruit du travail de François de Vaux de Foletier, alors archiviste du département de la Seine et de la Ville de Paris[1].

Double discours

Dès 1949, des circulaires émanant du cabinet du ministre de l'Intérieur essaient de faire connaître la nouvelle politique

1. *Études tsiganes*, 2004.

choisie vis-à-vis des nomades. Et comme souvent, il faudra beaucoup de temps pour que le sens des nouvelles orientations du traitement administratif de ces populations soit compris par les préfets et effectivement transmises dans les sous-préfectures et les mairies. Ainsi en 1965, le préfet de la Mayenne rédige une circulaire qui rappelle les décisions prises en 1949 en y ajoutant les effets de décisions plus récentes du Conseil d'État à propos de l'interdiction systématique de stationnement prise par de nombreux maires.

Si l'on peut considérer que le nouvel état d'esprit, issu des effets du traitement particulier des Tsiganes durant la guerre, a été imposé par « le haut », les idées généreuses dont se veut porteuse la Commission interministérielle ne sont pas partagées par tous. Ainsi, un éminent juriste, Waline, publie en 1950 un article dans lequel il souligne deux points selon lui importants :

– la loi de 1912 est bien fondée sur des critères raciaux et vise très précisément ceux que l'on appelle Tsiganes, Romanichels, Gitans, etc.,

– mais elle serait parfaitement fondée en droit puisque ces populations ont un caractère ethnique et comportemental qui en font des gens définitivement marginaux et qui ne peuvent trouver une place normale dans la société[1].

On retrouve dans les archives la trace de ce sentiment partagé sur le terrain par des brigades de gendarmerie :

> « Des enquêtes effectuées en collaboration avec les autres services de police et de gendarmerie ont permis d'établir avec certitude que les agressions, cambriolages et autres méfaits du même genre sont l'œuvre, la plupart du temps, de forains et nomades sillonnant la campagne à la recherche de leurs futures victimes. Il n'est pas de semaine, j'en suis persuadé, où un forain se présente dans une ferme de votre commune pour y proposer ses "bons services" c'est-à-dire des draps, des chaises et autres marchandises de provenance douteuse ».

L'administration centrale qui a en charge la conservation des doubles de demandes de carnets anthropométriques et des récépissés forains, est au courant du changement de statut administratif de certains « nomades ». L'illégitimité aux yeux des autorités de ce changement de statut, régu-

1. Aubin, 1996.

lièrement rappelée durant la guerre, est encore dans la mémoire des fonctionnaires toujours en poste depuis cette période et qui ne manquent pas de la rappeler aux nouvelles recrues.

Dans l'après-guerre, un double discours est à l'œuvre : d'un côté la prise en compte de la réalité de la présence tsigane et son droit à exister – même s'il y a l'espoir de la faire disparaître sous sa forme de « nomadisme », et de l'autre, celui qui est transmis aux fonctionnaires de terrains (gendarmes, policiers, juges, travailleurs sociaux...) qui stigmatise ces populations en perpétuant des représentations issues du XIXe siècle qui assimilent « nomades » et « forains » à des catégories sociales dangereuses et délinquantes. Pour certains, « nomades » et « forains » font partie du même monde. Mais parfois la différence paraît trop importante et les forces de l'ordre veulent marquer les distances.

Nanou C. se souvient que, dans les années soixante, sa famille circulait dans toute la France et une partie de l'Europe pour ramasser des plumes et du duvet qui servent à la confection des vêtements et aux couchages de l'armée française. Pour cela, ils ont de gros camions à l'arrière desquels est apposée la plaque « CNS » (pour « commerçants non sédentaires »). Leurs fournisseurs sont en général d'autres Tsiganes, de leur famille ou des alliés qui, rayonnant dans leur département, assurent la collecte du duvet de canards et d'oies dans les fermes et les coopératives. Se retrouvant sur le bord des routes, il leur arrive de passer une soirée ensemble et de voir venir la gendarmerie qui – s'adressant exclusivement aux commerçants non sédentaires – leur signifie qu'ils n'ont pas à rester là car ils ne doivent pas fréquenter ceux dont les véhicules ont à l'arrière la plaque réglementaire bleue sur laquelle figure « loi du 16 juillet 1912 » – donc des « nomades » – même s'ils sont tout à la fois leurs cousins et leurs fournisseurs.

D'autres humiliations sont monnaie courante. Un jeune passe au tribunal pour une contravention, le président n'hésite pas à lui poser la question : « Mais vous êtes Gitan ? », faisant allusion au fait qu'il ne paiera pas l'amende mais préférera aller en prison, ce qui ne sera pas le cas. Le jeune

Tsiganes, Kkrist Mirror, Éditions Emmanuel Proust, 2008

homme lui répondit que oui, mais ajouta à l'attention de son avocat :

« On ne m'a pas demandé si j'étais Gitan quand je suis parti en Algérie trois ans ! ».

Le double discours est explicite quand on rapproche ce qui est écrit dans la note de 1949 et la synthèse qu'en fait une circulaire de 1964 :

– 1949 : « La disparition de la vie nomade ne devra pas être recherchée. Une certaine assimilation des Tsiganes et l'abandon de cette vie pourront résulter à la longue de la nouvelle politique, mais ce ne sera pas le but poursuivi. Ce but sera d'assurer aux Tsiganes une vie pleinement humaine, selon leur génie propre, sans dommage pour les autres populations ».

– 1964 : « C'est pourquoi un arrêté du 1er mars 1949 a institué une "Commission interministérielle pour l'étude des questions intéressant les populations d'origine nomade". Présidé par un conseiller d'État, cet organisme s'attache à dégager les conditions d'une politique permettant de favoriser l'évolution des populations d'origine nomade et leur intégration dans la communauté française. Le point d'aboutissement de cette tâche de longue haleine sera la sédentarisation volontaire de la plupart des intéressés ».

Le temps des chevaux

Par cette expression, les anciens désignent la période où la vie se déroulait principalement à la campagne, la période de la vie avec les *vagi* (roulottes) qui pouvaient être d'auto-fabrication ou bien achetées auprès d'artisans spécialisés. Tractées par des chevaux, des ânes ou des mules, elles permettaient des déplacements quotidiens de courtes distances, en général entre cinq et quinze kilomètres. Les chevaux constituaient une richesse importante ; dès que l'on avait quelques sous, on en achetait plus. Il n'était pas rare de voir un convoi – c'est-à-dire deux ou trois roulottes – accompagné de quelques chevaux supplémentaires qui pouvaient faire l'objet de vente ou d'échange quand des besoins d'argent se faisaient sentir.

Afin de pourvoir aux besoins des animaux, il fallait s'arrêter dans des sous-bois, près de champs, près de rivières afin de trouver de l'eau et de la nourriture ou bien parfois acheter ou échanger des paniers ou de la bonneterie contre un peu de nourriture auprès des paysans.

Cette vie, pourtant difficile – il n'était pas rare de ne faire qu'un repas par jour quand les femmes revenaient de la chine (porte-à-porte) en début d'après-midi –, paraît de nos jours comme celle du bonheur à certains des anciens qui en parlent ou des plus jeunes qui en rêvent.

Il n'y avait pas besoin d'argent pour acheter de l'essence, il n'y avait pas besoin de permis de conduire et d'assurances ; la vie se déroulait dans un temps long, même si les vies étaient courtes comme en témoignent les dates inscrites sur les pierres tombales.

Le plus souvent, les déplacements se faisaient sur quelques cantons, voire un ou deux départements avec de rares excursions à longue distance pour, par exemple, des pèlerinages ou une fête familiale.

Les chevaux, objet d'une grande affection, n'en sont pas moins une source de soucis : il faut en permanence les tenir attachés car toute « divagation d'un animal » est un procès-verbal possible, au point que l'on peut soupçonner les gardes champêtres de se cacher pour intervenir juste au moment où un cheval à la longe a traversé la route et ainsi « entrave la circulation sur une voie publique ». Certaines communes n'hésitent pas à véritablement traquer les nomades, accumulant les procès-verbaux pour les dissuader de repasser par ce lieu.

Dans les années cinquante, apparaissent chez les Manouches d'Auvergne, par exemple, les premières voitures automobiles. Certains jeunes ont obtenu leur permis de conduire au cours de leur service national. Mais les roulottes en bois sont très légères et trop fragiles pour être tractées par des voitures, les premières caravanes en plastique, rebaptisées « campines », sont achetées.

Cette adaptation à la modernité va rapidement modifier les modes de circulation des familles. Afin de pouvoir rester toujours ensemble, vivre les déplacements au même rythme, les membres de la famille de quelqu'un qui s'est procuré une voiture s'en achètent aussi. Mais tous ne passent pas leur permis de conduire : il faut souvent que les plus jeunes reviennent chercher la caravane des anciens. La cohésion du groupe familial est maintenue mais l'autonomie de ceux qui dépendent des autres est évidemment restreinte. L'abandon des chevaux, outre l'aspect affectif, correspond aussi à l'abandon de la vie dans les champs ou dans les lisières des forêts dans la mesure où les voitures et les caravanes plus lourdes que les verdines risquent chaque fois de s'embourber en cas de pluie ou de terrains humides.

« Au milieu des années soixante, les manouches incarnaient assez bien les "bohémiens" tels que l'imagerie les représente. Vivant dans des roulottes, ils allaient de village en village, privilégiant les haltes en pleine campagne. Les hommes élevaient et faisaient commerce de chevaux, ils cueillaient l'osier sauvage et confectionnaient des paniers que les femmes allaient vendre dans les fermes ou échanger contre une volaille, des œufs ou du lard. Des rencontres entre les familles étaient fréquentes sur les lieux de campement, les déplacements étant de peu d'amplitude, les circuits familiers et les haltes de courte durée. Une forte homogénéité culturelle caractérisait cette communauté, marquée en premier lieu par l'usage courant, à toutes les générations, de la langue manouche[1] ».

Selon les familles et les endroits, ce « temps des chevaux » disparaît pratiquement complètement au début des années soixante-dix. La société française s'est largement transformée depuis la fin de la guerre, l'ensemble des gens du Voyage

1. Alain Reyniers, Patrick Williams, 1990 (2000).

s'est adapté, plus ou moins heureusement, à la nouvelle donne. Les ressources économiques aussi.

Les ressorts économiques

Certaines activités économiques qui ont quand même perduré après la guerre – la récupération des vieux tissus, de papier, le ramassage des peaux de lapin pour la confection du feutre – disparaissent peu à peu. L'extinction progressive de certains petits métiers pouvait laisser penser aux autorités qu'il s'agissait là d'un moment opportun pour sédentariser les populations nomades et obtenir leur intégration dans le monde du travail salarié.

À l'exception de quelques métiers liés à la fête et au spectacle, la Commission interministérielle avait bien dans l'esprit d'arriver à assimiler ces populations dont on pensait que la marginalité était due à la précarité quand un savoir-faire particulier – la musique ou le travail des métaux – ne faisait pas partie du patrimoine familial. C'était sans compter avec le savoir-faire réel des « nomades » : être en contact avec la société environnante, savoir quels sont ses besoins et trouver les moyens d'y répondre.

Au cours des années soixante, les familles manouches se sont rendues compte que la vente de fils et d'aiguilles, de broderie au porte-à-porte n'avait plus cours. Les paysans, principaux acheteurs de paniers en osier pour les récoltes, ont acquis des seaux en plastique. Certains Voyageurs sont donc devenus vendeurs de ces seaux en plastique et de tous les autres objets en plastique – ustensiles de cuisine, jouets pour enfants, etc. – sur les marchés de plein air qui se développent à cette période. D'autres, venant avec des paniers invendables en Provence, proposent leurs services pour faire la cueillette des cerises qui connaît à ce moment-là un essor considérable et, dans cette fonction, remplacent la main-d'œuvre immigrée[1].

Partout en France, « la ferraille » – le ramassage et la revente des métaux – est devenue l'activité principale. Or, le succès d'une telle activité tient à la régularité de la collecte et à la possibilité de stockage.

1. Bordigoni, 1998, 1999 & 2000.

La collecte sur les gadous (les dépôts d'ordures) devient une activité rentable : si elle existait précédemment, elle n'avait pour but que de subvenir ou de pallier les besoins de la famille ; dans les années cinquante et soixante, nombre d'objets, de meubles anciens sont jetés pour être remplacés par exemple par des meubles en formica – signes de la modernité. En Bourgogne, des familles de Voyageurs vont trouver un nouveau créneau commercial pour ces objets jetés au rebut : le marché de Saint-Ouen à Paris. Ils deviennent des fournisseurs essentiels du monde des antiquaires[1]. Quelques-unes de ces familles, fortes de cette première réussite commerciale, s'aperçoivent que les villes ont un problème général de traitement des déchets, et deviendront de véritables industriels de la filière.

Dans d'autres régions ou dans d'autres familles, les choses ne se passent pas de la même manière : une concurrence nouvelle émerge dans le secteur du débarras de maisons et de la récupération. « Les compa-

1. Beccheloni, 1998.

gnons d'Emmaüs », l'organisation fondée par l'abbé Pierre, s'installe dans cette activité et bénéficie de toute l'aura médiatique de son fondateur. Des prêtres, proches des familles les plus pauvres qui vivent de cette activité, lui signalent cette concurrence et la détresse à laquelle elle peut conduire certaines familles. Il ne fait pas grand cas de cette nouvelle situation pour nombre de familles gitanes.

Dans le monde du Voyage, il y a des familles, de nationalité française, qui se définissent elles-mêmes comme Rom, elles sont appelées des Zongrois par les autres Voyageurs, et sont en relation proche avec les Roms de Paris qui sont sédentaires et exercent des métiers dans le secteur de la métallurgie. Elles ont trouvé auprès des entreprises des travaux de réfection d'outillage et auprès des collectivités des travaux de remise en état du matériel de cuisine. Circulant de villes en villages, dans les années soixante-dix, ils sont ainsi devenus des prestataires de service régulier des cantines de lycées et de casernes, etc. La génération de leurs parents avait l'habitude de circuler dans les campagnes, de réparer les brocs, les seaux, les objets métalliques en étain ou d'étamer les couverts en cuivre. Ils gagnaient leur argent « franc par franc » comme il se disait encore. Leurs fils gagnent de grosses sommes en remettant en état le matériel complet de cuisine d'une collectivité en quelques jours.

Les premiers, les plus anciens, ne disposaient que de vieilles voitures et de vieilles caravanes ; les plus jeunes peuvent acheter des Mercédès et des caravanes neuves. Ce sont des *Baxhtale Roma*, des Roms qui ont la *Baxt* (« la chance »).

Parmi les chanceux, on peut compter certaines familles sinté qui ont toujours conservé ce que Bourdieu appellerait un « capital social privilégié », avec des commerçants et des membres des professions libérales.

Comme cela était évoqué précédemment, la capacité d'adaptation d'un groupe familial varie selon ses ressources propres et la connaissance du milieu dans lequel il vit. Dans ces mêmes années soixante, soixante-dix et quatre-vingt, certains deviennent des marchands de tapis, produits de luxe et objets d'art qu'ils vendent à des avocats, des médecins, des pharmaciens, etc. Ils savent proposer des produits rares, tapis, ivoires... que leurs clients paient en liquide pour masquer une part de leurs revenus. Aisés, et donc plus habiles – ou habiles donc plus aisés – ils savent aussi se rendre invisibles : ils s'installent en maison, ou du moins en acquièrent une pour se domicilier, tissent des liens avec les autorités, ou encore achètent des terrains sur lesquels ils peuvent s'installer sans attirer l'attention du voisinage. Ils n'ont pas à faire avec les services sociaux et n'apparaissent pas, pour leurs voisins, comme « Tsiganes » ou « nomades ». Pas plus que de nos jours.

Nombre d'autres familles, « nomades » ou « issues de nomades » selon une expression utilisée par l'administration depuis l'après guerre, ne connaissent pas cette prospérité. L'économie ordinaire de ces familles se résume à gagner chaque jour ce qui permet de se nourrir le soir même, il n'y a pas de marge, d'accumulation.

Ayant une culture de l'échange en milieu rural, se rapprochant des villes au moment où la désertification des campagnes est la plus forte, elles sont astreintes à de nouvelles règles. L'exercice d'activités rémunératrices est soumis à l'inscription au registre des métiers, les véhicules doivent être assurés, pour autant l'accès aux droits qui se sont généralisés dans la société française – sécurité sociale, retraite, allocations familiales, aides au logement – ne leur est pas possible. Ou du moins, pour en bénéficier, il leur faut se plier à des règles nouvelles : accepter d'habiter en HLM, scolariser régulièrement les enfants, se soumettre aux examens prénataux, etc.

À Grenoble, par exemple, une communauté de Voyageurs est devenue assez nombreuse suite à la rencontre à la fin du XIXe siècle de quelques Gitans du Languedoc, de Sinti italiens et de *gadjé* voyageurs[1]. Au sein de ce réseau familial, certains, souvent les plus vieux, s'installent « en maison » – de l'habitat insalubre en attente de destruction – alors que d'autres continuent une vie de voyage durant la belle saison.

Deux phénomènes vont avoir un effet sur une partie de la communauté :

– la scolarisation des enfants, « c'était sévère à l'époque » comme dit une grand-mère qui gardait ses petits-enfants pendant

1. *Ces gens-là*, 2004.

que les parents voyageaient et qui apprendront à lire et écrire (ce qui ne sera pas le cas de certains de leurs propres enfants),

– et les allocations familiales.

Le système perdure, mais les allocations, par l'apport d'une somme « conséquente » (par rapport aux quelques francs ramassés tous les jours) permet des achats d'équipement (meubles, télévision...) ou d'obtenir des crédits (pour l'achat de véhicules, de remorques, de caravanes d'occasion ou neuves) et parfois d'être victimes de certains démarcheurs : quand plusieurs familles accéderont au logement social, elles ne disposent que de quelques meubles récupérés sur les décharges. Voulant se meubler comme leurs voisins, elles signent des crédits exorbitants pour acheter un « salon complet » qu'elles ne pourront pas rembourser, les meubles seront repris et les allocations saisies sur une longue période.

D'autres familles gitanes, n'ayant pas vécu en métropole mais au Maghreb, découvrent à partir de 1962 à la fois les bidonvilles et pour nombre d'entre elles le fait d'être « gitanes » aux yeux des autorités – au Maghreb, elles étaient simplement « espagnoles ».

Pour elles aussi, le mode traditionnel des relations avec l'univers des *gadjé* ou *payos* est totalement transformé. Les uns et les autres n'ont comme possibilité que de s'installer dans les périphéries urbaines, voire dans les interstices des zones délaissées, ou encore pour ceux qui arrivent d'Algérie dans les anciens camps de détention construits pour les républicains espagnols et autres internés (le Grand Arénas à Marseille, par exemple). Parmi les familles qui venaient des grandes villes (Alger, Oran), le travail salarié (souvent intermittent, dockers par exemple) est intégré comme une des ressources possibles à côté du commerce et des travaux agricoles saisonniers.

L'espace des villes

Les grandes villes de France connaissent depuis déjà longtemps la présence tsigane en leur sein. Depuis la fin du XIXe siècle, des familles se sont installées dans des quartiers centraux des villes du sud de la France (Avignon, Carcassonne, Perpignan...). Souvent considérés comme des nomades vivants de manière sédentaire ou issus de populations nomades, il sera aisé de les éloigner des centres villes au moment où doivent se réaliser des opérations de rénovation... et parfois il leur faut acheter de vieilles caravanes, eux qui ont toujours vécu en maison, pour avoir un confort supérieur aux baraques des bidonvilles. Par là même ils correspondent, involontairement, à l'image attendue du « Gitan nomade » !

Paris est un centre économique incontournable, nécessaire à l'approvisionnement des marchands ambulants, offrant un débouché considérable pour les objets de récupération et les antiquités et la multitude d'entreprises artisanales petites et moyennes procure à de nombreux artisans tsiganes l'occasion d'exercer leur savoir-faire en particulier dans le travail des métaux, la réfection des outils et la remise en état de divers matériels.

Ce sont en particulier les Roms Kalderash qui développent cette activité. Ils abandonnent définitivement le nomadisme traditionnel de leurs ancêtres (en train et avec des tentes) au profit d'une installation d'abord, dans des baraques à Montreuil, et par la suite dans du petit pavillonnaire dans la périphérie parisienne.

À Bordeaux, c'est un groupe de Gitans se disant « andalous » – ils ont quitté l'Espagne probablement au XIXe siècle, pour aller vivre en Algérie – qui vient en 1964 s'installer dans le secteur nord de la ville non loin du quartier de Bacalan où se trouve une vaste décharge publique qui leur assurera pendant quelque temps des ressources en tant que ferrailleurs[1].

Leur habitat, au début fait de bric et de broc, de baraques, se modifie au cours des années soixante où ils rachètent de vieilles caravanes qui sont plus confortables mais non destinées à rouler et voyager. Ce fait a pu aussi contribuer à ce que les autorités les considèrent comme des « gens du Voyage » même s'ils n'ont jamais quitté ce quartier depuis près d'un demi-siècle.

Sédentaires ou nomades, ou alternativement l'un et l'autre, les Tsiganes se glissent dans les interstices de la ville ou à la périphérie. Les Manouches et les Yéniches de

1. Loiseau, Gaëlla, 2005.

l'Auvergne se sont rapprochés des petits centres urbains du centre de la France.

« Un chef de famille qui a "posé" sa caravane sur un terrain (à plus forte raison s'il en est devenu propriétaire) le quitte rarement pour aller séjourner, avec armes et bagages, sur un autre. Si l'alternance même des saisons ne modifie guère ses habitudes, cela signifie-t-il qu'il n'y a plus de déplacement ? Certainement pas, mais les déplacements individuels, à motif économique avant tout, avec la seule automobile ou le seul camion, ont supplanté les déplacements familiaux ; il est probable qu'un ferrailleur sédentarisé d'aujourd'hui couvre plus de distances que ses parents nomades il y a vingt ans mais tous les soirs il rentre au même endroit... Poussiéreux l'été ou boueux l'hiver, un terrain de ce type est à la fois un lieu d'habitation (de nombreux enfants y circulent en permanence), un lieu de sociabilité (hommes et femmes des différents foyers passent de longs moments à bavarder dans l'espace ouvert entre les caravanes ou dans la "salle commune"), un lieu d'élevage (les animaux de basse-cour vont et viennent entre les caravanes), un lieu de stockage (on y amasse la ferraille) et de travail (on y répare les moteurs, retape la carrosserie, quelquefois on rempaille encore des chaises et confectionne des paniers, etc.). Comme dans la halte du temps des chevaux, il est possible d'alterner sur ces terrains les moments de retrait vers une vie de couple et les moments d'ouverture vers une vie de famille élargie. La différence est qu'aujourd'hui les activités communautaires mettent en présence toujours les mêmes individus[1] ».

---

1. Reyniers et Williams, 1990 (2000).

Pour les familles totalement nomades, la ville d'avant les plans d'occupation des sols et de la densification urbaine offre maints espaces où il est encore possible d'installer discrètement pour quelques jours, voire quelques semaines, un petit groupe de caravanes. Même parfois des friches industrielles, à l'abri des regards, derrière des murs d'enceintes assez hauts, permettent d'accueillir un large regroupement familial – pour un mariage par exemple.

Paradoxalement, apparemment, certaines villes ou certaines périphéries sont plus « accueillantes » que les campagnes où les panneaux « Interdit aux nomades » règnent en maître.

Les maires, par leur pouvoir de police, croient avoir toute latitude pour interdire le stationnement. Il faudra une décision du Conseil d'État et nombre de circulaires du ministère de l'Intérieur pour leur rappeler que toute interdiction absolue est illégale. D'autres ont limité les séjours à 24 heures; ces mesures sévères ont été autrefois encouragées par l'État; il en a résulté parfois l'impossibilité pour les nomades de s'arrêter ou de séjourner dans les endroits où leur présence n'aurait cependant présenté aucun inconvénient.

« Il appartient aujourd'hui à l'autorité préfectorale de veiller à ce que les interdictions prononcées correspondent à un intérêt général et que les besoins légitimes des Tsiganes ne soient pas systématiquement méconnus. Une carte des lieux de stationnement souhaitables devrait être établie dans chaque département et même par région. En admettant que le préfet puisse en tout temps annuler, pour illégalité ou inopportunité, les arrêtés de police des maires, il n'y aura pas lieu en principe, dans une matière particulièrement délicate, d'agir par voie d'autorité ; il sera préférable d'user de persuasion » (1949).

« [...] je vous serais obligé de bien vouloir rappeler aux maires, par la voix du recueil des actes administratifs :

– l'illégalité des arrêtés municipaux interdisant de façon générale et absolue le stationnement des nomades sur le territoire de la commune ;

– la nécessité de prévoir, pour ce stationnement des emplacements présentant des conditions de salubrité suffisante » (1966).

L'école

L'action de certains services de l'État et la détermination de quelques préfets pour mettre en œuvre « la politique nouvelle à l'égard des nomades ou des populations d'origine nomade » est fondée sur la conviction que, pour les faire rentrer dans le siècle, il faut en passer par « l'instruction », c'est-à-dire l'école obligatoire.

Si, avec la loi de 1912, l'obligation de la vaccination et de son inscription dans le carnet anthropométrique, sous prétexte de prophylaxie, a essentiellement servi à augmenter les raisons de procès-verbaux, les assistantes sociales qui sont maintenant chargées de veiller sur les populations nomades ont le souci – et le devoir rappelé par les circulaires – d'inculquer des notions d'hygiène et de surveillance prénatale aux femmes nomades. Elles sont aussi invitées à tenter une éducation à la contraception qui permettrait de limiter la taille des familles. Celle-ci est pensée par les services sociaux comme une des causes de la paupérisation des familles, alors même que – pour les Tsiganes – des enfants nombreux constituent la vraie richesse de la famille. Les assistantes sociales doivent aussi rendre possible l'accès aux allocations familiales, et obtenir en contrepartie que les enfants de nomades soient régulièrement scolarisés.

Parmi les directives préfectorales aux maires, il est rappelé que la proximité d'un terrain de stationnement et d'une école est très souhaitable. La gestion des allocations familiales pour les nomades est organisée de manière centralisée ; un carnet particulier (un de plus) est adressé aux familles dans lequel des bons détachables mensuels sont à renvoyer à la caisse d'allocations centrale tamponnés par les écoles : ils sont la preuve d'une scolarisation continue et permettent le paiement des allocations.

Depuis 1948, la scolarité est obligatoire pour tous les enfants de moins de seize ans et en 1966 des textes réglementaires précisent que chaque enfant doit totaliser moins de trente demi-journées d'absence entre le 1er octobre et le 1er juin. L'effectivité de scolarisation réussie des enfants devrait pouvoir participer de la sédentarisation des parents.

Pour autant, la réalité quotidienne est assez différente, comme toujours très variable selon les endroits, mais la plupart du temps les enfants tsiganes, peu socialisés à l'univers scolaire, font l'objet d'un accueil réservé voire même d'un refus d'accueil.

Jusqu'à la fin de ce dispositif, nombre de parents savent aller trouver des directeurs d'écoles qui apposeront leurs tampons sur lesdits carnets en échange de la garantie... que les enfants ne se présenteront pas à l'école.

Les enfants de familles sédentaires ont l'habitude, à cette époque, d'accompagner leurs parents qui vont faire les cueillettes de fruits et légumes au printemps ou les vendanges à l'automne. Pour les enseignants, cela constitue une réalité qui entame sérieusement l'année scolaire : absence en septembre-octobre, voire jusqu'en décembre pour celles qui font la cueillette des olives, et d'avril à juin pour celles qui « font les saisons » (fruits, haricots verts, petits pois...). Ces enfants sont donc considérés comme « issus de nomades » et devant bénéficier de conditions de scolarisation particulières ainsi qu'il est recommandé dans les circulaires ministérielles.

En fait pour beaucoup de familles, l'école devient un moyen de bénéficier de ressources immédiates (les allocations familiales) plutôt que d'acquisition de savoirs nouveaux et de compétences mobilisables dans l'avenir. Un malentendu de long terme s'installe.

Les associations d'aide

Dès 1949, les membres de la Commission interministérielle sont conscients que les pouvoirs publics ne seront pas en mesure de mettre en œuvre ce qu'ils appellent une nouvelle politique. Dès lors, les initiatives privées – laïques ou religieuses – doivent être soutenues par les autorités. Au fil des ans, il est demandé aux services déconcentrés de l'État, en particulier ceux relevant du ministère de la Santé publique et de la Population, de prendre une part active à l'intégration des populations tsiganes ou d'origine nomade. Quand cela est nécessaire, il peut y avoir mise à disposition de personnel spécialisé, assistante sociale, puéricultrice, éducateur auprès d'associations relevant de la loi 1901.

Pour tenter de coordonner les efforts des associations locales et départementales, l'association d'Études tsiganes organise en 1960 un congrès autour de ces questions sociales. À l'issue de ces travaux, il est décidé de créer avec le soutien du ministère de la Santé publique et de la Population le « Comité national d'information et d'action sociale pour les "gens du voyage" et les populations d'origine nomade (CNIN) ».

Sa mission est d'assurer la circulation de l'information entre les associations de terrain et les administrations dans les domaines du droit au stationnement, de l'amélioration de l'habitat des sédentaires, de la scolarisation et du travail. Ses réflexions et recommandations sont régulièrement publiées dans la revue *Études tsiganes* qui ouvre ses pages aux expériences réussies de création d'aires de stationnement pour les gens de voyage.

Le fait que la prise en charge des populations dites issues de nomades ne soit plus le seul fait des services de police et de gendarmerie mais aussi de fonctionnaires relevant du ministère de la Santé publique et de la Population change le regard.

La diversité des situations réelles des groupes tsiganes en France commence à être prise en compte. En particulier, une chargée de mission du ministère, Mlle Lafay (ancienne résistante aussi), va entreprendre une discrète croisade pour la disparition du carnet anthropométrique et surtout de l'obligation pour les familles de détenir un carnet collectif qui les oblige à demeurer toujours ensemble et offre aux services répressifs de multiples occasions de verbaliser et déstabiliser les familles.

Pèlerinages et religions

L'Église catholique est fortement présente, depuis la fin de la guerre, dans l'action sociale auprès des populations nomades. Une aumônerie spécifique a été créée et l'arrivée de nouveaux prêtres et religieuses en son sein se traduit par une forte présence sur le terrain.

Le père André Barthélémy mène de front les efforts d'évangélisation, des actions pour l'obtention du droit de stationner et la connaissance de ces populations. Il écrira de nombreux articles sur divers aspects de la vie de chacun des groupes tsiganes qu'il connaît. Il apprend les diverses variantes de la langue romani ; il rédigera et enregistrera une méthode de romani kalderash, publiera dans un journal – qu'il a fondé – *Romano pral* (Frère gitan), des contes (*Les histoires de Béro*) en « parler voyageur » (une grammaire française parlée avec de nombreux mots et formes verbales romani).

Sa présence auprès des Tsiganes se traduit par l'attribution d'un *romano lap*, un nom rom : il est ainsi connu dans le monde du Voyage sous le nom de Yoshka. Son action, avec les autres membres de l'aumônerie, va permettre le développement des pèlerinages catholiques des Saintes-Maries-de-la-Mer, de Lourdes et d'une multitude de pèlerinages locaux (Ars, Orcival, Saint-Gens...). C'est une nouvelle visibilité publique des Tsiganes qui s'opère.

En 1965, le Pape accueille un premier pèlerinage international des Tsiganes et Gitans à Rome ; à la suite de quoi, il demande à tous les évêques de France de désigner un prêtre par diocèse qui aura la charge de s'occuper de ces familles. Les Gitans ont de nouveaux « avocats » auprès des pouvoirs publics.

Ce développement de l'action catholique a lieu à un moment où émerge une concurrence religieuse : l'apparition d'un mouvement évangélique d'obédience protestante (la « Mission évangélique tzigane » et sa revue *Vie et Lumière*). Souhaitant la réunification de « toutes les tribus[1] »,

1. Le Cossec, 1991.

elle organise dans les années soixante, les premières grandes conventions qui vont attirer l'attention des pouvoirs publics et des médias.

Que ce soit du côté catholique ou du côté protestant, la nouvelle visibilité collective des Tsiganes, par le biais du religieux, tend à essayer de changer l'image traditionnelle de ces populations et leur assure une présence « politique », c'est-à-dire comme faisant partie de l'ensemble national[1].

Vers l'abrogation de la loi de 1912

En 1968, Pierre Joint-Lambert, président de la Commission interministérielle donne sa démission, ce qui entraîne la disparition de cette instance ; il considère que « cette structure n'était plus adaptée aux temps nouveaux[2] ».

Situé au cœur de l'État, conseiller d'État mais aussi membre de l'association d'Études tsiganes, il est probablement persuadé que la situation a fortement évolué depuis

1. Bordigoni, 2004.
2. Dans *Études tsiganes*, 1979/1&2 p. 12.

1949. Les associations d'aide aux Tsiganes sont devenues des interlocuteurs reconnus par les pouvoirs publics ; les diverses circulaires ont essayé de faire changer les pratiques (par exemple en recommandant la disparition des panneaux « Interdit aux nomades », etc.).

La réalité de la présence tsigane est mieux appréhendée ; chacun reconnaît qu'elle est multiforme, variée, que la disparition d'un certain nombre de « petits métiers » n'a pas supprimé le nomadisme pour des raisons économiques même si des phénomènes de fixation sur un territoire donné de certaines familles sont interprétés en terme de sédentarisation ou semi-sédentarisation. Le contrôle et la surveillance des « nomades » n'a plus le même sens à la fin des années soixante qu'au début du siècle, d'autant plus que les services de police et de gendarmerie sont convaincus que la cible de la loi, « les Bohémiens, Romanichels, Camps-volants... » arrivent à échapper au carnet anthropométrique en ayant obtenu un « récépissé forain » ; ou bien même, s'étant installés en maison ou ayant acquis des terrains où poser leurs caravanes, ils ont réussi à obtenir de certains maires des papiers d'identité ordinaires.

D'où l'invention d'une nouvelle terminologie, dès 1960. Apparaissent les expressions « Voyageurs[1] » et « populations d'origine nomade ».

Mais l'usage de ces catégories n'est pas exempt d'écueils : parmi les « gens du voyage », ceux qui circulent effectivement, il y a bien sûr des Tsiganes mais aussi d'autres personnes qui ne se sentent pas et ne sont pas « tsiganes » : ils préfèrent être dénommés « industriels forains » ou « forains », c'est-à-dire étymologiquement « celui qui n'est pas de la commune ». Parmi les « populations d'origine nomade », sont compris les Gitans du sud de la France ou rapatriés d'Algérie, pour qui l'habitude de vivre en ville et en immeuble ou en maison est la réalité de la génération présente et

1. Une première attestation de « Voyageurs », avec un V majuscule se trouve dans un texte de l'Église de 1965 : « Il est heureux que l'attention des pasteurs d'âmes soit éveillé aux problèmes des Voyageurs, des fils du vent de toutes dénominations : Tziganes, Gitans, Manouches etc. » (Fr. B. Collin ofm., évêque de Digne, chargé des Gitans de France, « Le problème de la pastorale des Gitans », dans *Lacio Drom ! Bonne route*, numéro spécial publié par Opera Assitenza Nomadi, Bolzano, sept. 1965, p. 8-9).

des générations précédentes, mais aussi ceux des « nomades » qui se sont installés en caravane ou baraques et ne circulent plus que pour faire les « saisons », les cueillettes et les vendanges, ou encore les Roms de Paris qui n'ont jamais eu de caravanes (sauf pour des raisons familiales et temporaires).

Les papiers institués par la loi de 1912 sont donc incapables de permettre aux autorités d'appréhender la totalité de la présence tsigane sur le territoire, et même pas la part de celle qui est encore circulante.

Le carnet anthropométrique ne remplit plus sa fonction : tenir à jour des fichiers locaux et un fichier national des « nomades ».

D'après une source bien informée – dont on peut penser qu'il s'agit du conseiller d'État Joint-Lambert – il n'y a plus que neuf mille carnets anthropométriques en circulation en 1968. Alors qu'il estimait après le recensement de 1962 les populations « nomades » et « d'origine nomade » à cinquante mille personnes. La remise à jour des fichiers que permet la loi de 1969 donne une estimation des mêmes personnes à quatre-vingt dix mille en 1970. Dix ans plus tard, ce sont cent soixante-quinze mille personnes qui détiennent un récépissé de marchand ambulant ou un titre de circulation.

La perception de la réalité de la présence tsigane en France a nettement évolué entre 1912 et 1969, tout du moins dans la manière d'en parler. Les termes bohémiens, romanichels, camps-volants ont quasiment disparu de la langue administrative, le plus souvent remplacés en français courant par le mot « Gitan ». C'est d'ailleurs ce terme qui est employé par Paul VI, le 26 février 1964 au « Premier congrès des aumôniers et responsables des Gitans ».

Le mot « tsigane » a acquis une dimension culturelle, la revue des *Études tsiganes* n'y est pas pour rien, qui complète l'aspect artistique plus ancien (musique tsigane ou tzigane, cabaret tzigane, etc.). Pour certains, il définirait la sous-population « d'origine indienne » qui constitue une partie du monde du Voyage, ou pour parler selon les termes administratifs des années soixante, des personnes « nomades » ou d'« origine nomade » c'est-à-dire des « sédentaires » (les Gitans du sud de la France, des vanniers ou Yéniches de l'Est ou du Centre, les Roms de Paris, etc.).

Mais aux yeux des services de police et de gendarmerie, c'est bien tout cet ensemble qui doit faire l'objet d'une surveillance constante.

Le carnet collectif auquel étaient astreintes les familles a finalement eu l'effet inverse de celui attendu : en obligeant les personnes à voyager ensemble, à se retrouver prioritairement entre eux, la réglementation française a favorisé la création d'une quasi-ethnie ayant développé une forme d'endogamie particulière, parfois au-delà des différences culturelles initiales.

Les termes « Tsiganes, Manouches, Gitans, Romanichels... » ne figurent pas dans la loi de 1912 qui, rappelons-le, littéralement, n'entend que réglementer « l'exercice des professions ambulantes et la circulation des nomades », même si tous les débats parlementaires témoignent de la véritable préoccupation des élus : les fameuses « bandes de Bohémiens », « fléau de nos campagnes ».

La loi de 1969 conserve cette même approche puisqu'elle est « relative à l'exercice des activités ambulantes et au régime applicable aux personnes circulant en France "sans domicile ni résidence fixe" ».

Elle est l'occasion de remettre à chacun de nouveaux papiers, des « titres de circulation », mais comme en 1912, à chacun le sien, un par personne mais en fonction de nouvelles catégories que la loi définit. Et donc de (re)créer de nouveaux fichiers tenant compte des nouvelles réalités administratives et auxquelles nul ne peut échapper !

Pour ses promoteurs le souci d'avoir une pratique administrative moins « vexatoire » est une grande avancée. Sans se rendre compte des difficultés nouvelles et très réelles auxquelles vont être contraints les Voyageurs.

La loi de 1969

Il aura fallu vingt années de combat des diverses associations et personnalités qui s'intéressent aux Tsiganes pour qu'une loi abroge le carnet anthropométrique individuel et le carnet collectif. Celui-ci disparaît purement et simplement mais le carnet anthropométrique et le carnet forain sont remplacés par des « titres de circulation » au nombre de trois.

Le vote au parlement ne rencontre aucune opposition, l'aspect discriminatoire des dispositions de la loi de 1912 est reconnu par tous les élus. Il a lieu l'avant dernier jour de la session de 1968 car un projet de réglementation de la CEE doit arriver rapidement et rendrait les choses plus compliquées à la France.

Intitulée « Exercice des activités ambulantes et délivrance des titres de circulation », la loi promulguée le 3 janvier 1969, tout comme celle de 1912, ne s'occupe officiellement que de questions économiques et réglementaires pour l'exercice de certaines activités artisanales ou commerciales non sédentaires. Pourtant, comme au début du siècle, les discussions à l'Assemblée nationale et au Sénat précisent les choses :

« Ce texte concerne (aussi) ceux que l'on appelle les nomades, les Tsiganes, les Romanichels, autant de termes lourds de signification psychologie et péjorative. Vous me permettrez de ne les appeler que Voyageurs, pour leur rendre la noblesse qui est due à tout homme, car je ne vois aucune raison de faire une discrimination quelle qu'elle soit à l'égard de quelque être humain... » (Pierre Schiele, rapporteur au Sénat).

Et le même poursuit :

« Ce projet de loi, je le regrette, ne va pas assez loin... car il ne prévoit pas, par exemple, pour les Voyageurs, d'aires de stationnement, de structures d'accueil, d'éducation ou de caractère social, autant de problèmes qui devront être soulignés et, de toute façon, résolus dans de brefs délais. »

Il faudra encore des années pour qu'un nouveau projet de loi concernant le logement et le stationnement voie le jour.

Ce que prévoit la loi de 1969

Les principales mesures sont la suppression du carnet collectif sur lequel devait figurer l'ensemble des personnes voyageant avec le chef de famille, avec l'obligation d'y faire figurer les enfants dès l'âge de deux ans avec leurs empreintes digitales, etc. ; la suppression des plaques apposées sur tous les véhicules (voitures, caravanes...) qui désignaient immédiatement leurs occupants comme relevant de la catégorie « nomades » (plaque émaillée bleue où était écrit « loi du 16 juillet 1912 ») ou de la catégorie « forains » (il y était inscrit « CNS » pour commerçant non sédentaire).

Le carnet anthropométrique et le récépissé forain sont remplacés par des « titres de circulation » :

– le livret spécial de circulation accordé aux personnes immatriculées au registre du commerce ou au répertoire des métiers (modèle A),

– le livret spécial de circulation pour ceux qui voyagent avec les premiers (modèle B).

Pour les deux modèles il n'y a plus de visa ; le livret de circulation est « subordonné à la production de tous les éléments susceptibles d'établir l'existence de ressources régulières assurant à l'individu des conditions normales d'existence ». Il doit être visé tous les six mois (aujourd'hui tous les ans) ;

– le carnet de circulation est obligatoire (sous peine d'amende et/ou de prison) pour tous ceux qui ne remplissent pas les conditions pour obtenir des livrets. Il doit être visé tous les mois (aujourd'hui tous les trois mois).

La loi institue une nouvelle obligation pour toutes les personnes sans domicile ou résidence fixe : avoir une « commune de rattachement », c'est-à-dire obtenir du maire et du préfet l'autorisation d'être formellement inscrit comme faisant partie de cette commune sans toutefois que la commune n'ait aucune obligation de secours comme pour les résidents ordinaires. Il s'agit de pouvoir y accomplir un certain nombre de démarches : recensement pour le service national, mariage, déclarations fiscales. Il est précisé qu'il ne peut pas y avoir plus de

3 % de personnes « sans domicile fixe » rattachées à une même commune.

L'esprit de la loi et sa mise en œuvre

Au cours des débats parlementaires comme dans les mois qui suivent, nombre de commentateurs soulignent le flou de beaucoup de dispositions du texte législatif. Comme souvent, chacun attend les décrets d'application ou les avis du Conseil d'État pour se prononcer. Hélas, très vite, quand la loi doit entrer en application (1970), les acteurs de terrain déchantent et on en retrouve l'expression claire dans un éditorial de *Monde gitan* paru cette année-là :

> « Un *Journal officiel* de vacances, que personne – ou presque – n'aura lu, a finalement publié les premiers décrets d'application de la loi du 3 janvier 1969 sur le nomadisme. Avec la brutale franchise de qui ne doit rien à personne, on nous permettra de dire que, si la loi était peu satisfaisante, ses modalités d'application sont mauvaises. Pis que cela : inquiétantes.
>
> Il est aisé de comprendre aujourd'hui pourquoi leur élaboration fut si longue. Chacun des bureaux intéressés a ajouté une précaution, une restriction, un contrôle, une brimade. Il en est résulté une sorte de monstre juridique auquel on peut s'étonner que le Conseil d'État ait pu donner son aval ».

Si chacun des bureaux et services de l'État a mis son grain de sel pour essayer de faire réapparaître tous les dispositifs de contrôle des nomades qui étaient prévus dans la loi de 1912, il faut noter que sur le terrain (dans les départements) les instructions sont comprises et mises en œuvre de façons très différentes et les tracasseries pour les familles et ceux qui tentent de les accompagner multiples.

Selon les départements et donc la volonté politique du préfet, les consignes ne sont pas les mêmes dans les services.

Ainsi, dans certains cas, on retire aux Voyageurs leurs anciens papiers sans leur délivrer d'attestation de demande des nouveaux – ce qui les oblige à rester sur place deux mois, donc de ne pas travailler (marchés, chine, cueillettes, fêtes et foires...).

Même s'ils ont une attestation par exemple, ils ne peuvent pas retirer de l'argent à la Poste ou à la caisse d'épargne, l'attestation n'étant pas un papier d'identité.

Dans d'autres communes au contraire, le maire profite de la nouvelle loi pour « sortir » les « nomades » vivant depuis des années sur la commune de cette logique des carnets et leur délivre une carte d'identité ordinaire.

Pour nombre de services préfectoraux, l'attribution des livrets ou carnets doit être l'occasion de tout « faire dans les règles » et aux papiers exigés par la loi, ils en demandent d'autres comme par exemple l'extrait d'acte de naissance du grand-père afin de prouver la nationalité française d'un Voyageur, etc.

D'autres contraintes imprévues s'imposent aux Voyageurs, comme par exemple la régularisation de la situation matrimoniale : la tradition dans le monde du Voyage est de considérer qu'un couple est marié à partir du moment où un homme et une femme décident de vivre ensemble, cela sans passer par la mairie ou l'église. Mais si l'homme peut obtenir un livret spécial de circulation, sa femme pour l'obtenir doit pouvoir « prouver » qu'elle est effectivement son épouse (c'est-à-dire pour les services de l'État par un acte de mariage) sinon elle se verra délivrer un carnet de circulation. De nombreuses mairies voient alors se multiplier les demandes de mariage « légitime » ainsi que le nomment les Voyageurs, mais là aussi les choses ne sont pas si simples car cette démarche doit avoir lieu dans la commune de rattachement où par évidence on ne réside pas quand on voyage.

Nombre de communes ne comprennent pas (faute d'information par les services de l'État) ce que signifie le terme « commune de rattachement », craignant d'avoir de nouvelles obligations financières (AMG – aide médicale gratuite par exemple) ou de devoir créer une aire de stationnement : elles refusent alors tout rattachement.

De même les grandes villes qui craignent une concentration nouvelle de Gitans dans certains quartiers. En outre, la période où se déroule cette opération de changement de papiers est à la veille d'élections municipales : elle devient donc un enjeu de campagne dans certains cas – les maires ne voulant pas apparaître comme « en faisant trop » pour les Gitans...

Souvent la situation est inextricable pour justifier des droits au livret spécial (preuves de la situation fiscale de la famille, de l'inscription aux registres du commerce ou des métiers – particulièrement pour ceux qui exercent plusieurs types d'activité dans la même année, c'est-à-dire la plupart). Dans tel département du Centre, ce sont 80 % des anciens « nomades » et « forains » qui se voient « assujettis » au carnet (c'est le terme des décrets d'applications) alors qu'en Isère 80 % obtiennent le livret (bien moins contraignant).

Afin d'obtenir le livret spécial et non un carnet de circulation, la loi prévoit qu'il faut disposer de revenus « réguliers et suffisants » permettant une vie « normale » sans plus de précisions sur le sens des mots, les décrets ne sont guère plus précis si ce n'est que percevoir des indemnités chômage constituent bien un revenu « régulier », même si ce n'est que temporaire alors que faire les marchés quotidiennement ne garantit pas des revenus « réguliers et suffisants ».

Pour vérification, la police ou une assistante sociale peuvent être mandatés par les services du préfet pour réaliser des enquêtes sociales. Cela sera le cas en Isère par exemple, mais le plus souvent, les fonctionnaires zélés des préfectures tranchent selon leur bon vouloir. Les exemples pourraient être multipliés à l'infini.

Tout le travail d'accompagnement de cette population majoritairement illettrée est fait par des bénévoles d'associations locales d'aides aux Tsiganes qui témoignent de leur malaise car ils sont souvent considérés comme les responsables – par les Voyageurs et les services de l'État – de ces difficultés nouvelles de la vie du Voyage. Nombre de témoignages parviennent aux associations où tous regrettent les « vieux papiers » en particulier le « petit carnet forain » (le récépissé de marchand ambulant) qui permettait de travailler sans être pris dans la logique fiscale de la TVA, des impôts sur le revenu, de l'URSAFF, etc.

Pour de nombreuses familles, surtout les plus fragiles économiquement, l'ensemble du processus va se traduire par une paupérisation et une précarisation encore plus grande quand pour d'autres il ne changera pas grand-chose, hormis et c'est très important, la disparition du carnet anthropométrique et l'obligation du visa à chaque changement de commune, ainsi que du carnet collectif.

Absurdités dans l'application de la loi

Pour faire comprendre certaines des absurdités pratiques de l'application du texte de la loi, l'Aumônerie des Gitans diffuse une feuille volante qui prend le titre de sa revue *Roulotte-Express*[1]. Ce document explique point par point les démarches à effectuer et se termine par le texte (*infra*, en encadré) intitulé « Exemples pratiques ».

Il s'agit de partir de situations réelles ou possibles dans lesquelles sont des familles gitanes françaises. Pour en saisir tout le sens il faut préciser quelques détails : les noms des personnes Béro, Jimmy, Petit-frère, Blouma, TiknoTchéro sont des « romano lap », ces surnoms utilisés uniquement en famille. À cette époque, quasiment toutes les personnes sont analphabètes, dans l'incapacité totale de remplir les formulaires demandés, de faire les démarches administratives nécessaires.

1. Numéro spécial, 12 janv. 1971, « La loi du 3 janvier 1969 ».

Elles dépendent donc totalement des travailleurs sociaux (très rares), des bénévoles et des aumôniers ou religieuses (non présents sur tout le territoire).

Exemples pratiques

Question.- *Béro est un riche ferrailleur, il a bâti sa maison et à côté, une pièce comme magasin. Que doit-il faire ?*

Réponse.- Béro doit faire comme un commerçant *gadjo* (non tzigane).

Q.- *Mais Béro a le sang gitan. Pendant les vacances, il chine des tapis, alors ?*

R.- Béro doit se considérer comme commerçant ambulant, donc être en règle à ce sujet. Il doit posséder un titre de circulation.

Q.- *Jimmy, son fils, a 16 ans. Il se fâche avec Béro. Il le quitte, achète une caravane et veut faire la ferraille tout seul, alors ?*

R.- Béro doit « émanciper » son fils auprès du juge d'instance et Jimmy devra faire les démarches pour un livret spécial de circulation modèle A.

Q.-*Léon, 23 ans, employé de Béro a suivi Jimmy, alors ?*

R.-Jimmy lui fera avoir un livret spécial de circulation modèle B.

Q.-*Petit-frère est en caravane avec sa femme Blouma et ses quatre jeunes enfants. Petit-frère est cardiaque et malheureusement on lui a refusé le bénéfice de la loi Cordonnier pour les grands malades ; il ne peut donc travailler qu'à certains jours au service d'un camarade non déclaré. Aussi Blouma vend des statuettes « en marchant ». Ils voudraient avoir un livret de circulation et éviter le carnet de circulation. De fait, leurs ressources sont régulières et suffisantes, mais comment le prouver ?*

R.- Que Petit-frère recourt à l'assistante sociale pour qu'elle fasse une enquête qui prouve qu'ils ont des ressources suffisantes.

Q.- *Poupée a 57 ans, elle vient de perdre son mari, Tikno Tchéro mort au volant d'une DS non assurée. En plus, il était dans son tort, alors ?*

R.- Que Poupée qui peut vendre des fleurs demande une patente indigent gratuite.

Q.- *Poupée n'a pas 75 Fr. pour s'inscrire au registre du commerce, alors ?*

R.- Que Poupée demande cette somme à l'aide sociale de la mairie, sinon qu'elle écrive à la Chambre de commerce pour demander d'être dispensée de l'inscription.

Note de 1949
Conclusions de la commission interministérielle

Note

Objet : définition de l'attitude des pouvoirs publics à l'égard des populations connues sous les noms de Tsiganes, bohémiens, etc.

La présente note a objet de définir les principes qui doivent être à la base des rapports entre l'Administration et les populations d'origine nomade connues sous le nom de Tsiganes, Bohémiens, Gitans, Manouche, Romanichels, etc. Ces populations seront désignées, dans la présente circulaire, sous le vocable de Tsiganes, bien que celui-ci ne corresponde en réalité qu'à un groupe particulier.
Les Tsiganes ont conservé un mode de vie qui les distingue des autres populations au milieu desquels ils demeurent et qui est cause de difficultés. Vivant en roulottes, parfois sous la tente, de nombreux Tsiganes prennent la route pendant la belle saison ; en hiver, ils campent sur des terrains publics ou privés où l'hygiène la plus élémentaire n'est généralement pas assurée.
Administrativement et pour l'application de la loi du 16 juillet 1912 sur l'exercice des professions ambulantes et la réglementation de la circulation des nomades, ceux des Tsiganes qui ne sont pas devenus sédentaires sont rangés en l'une des trois catégories suivantes : nomades munis d'un carnet anthropométrique, marchands ambulants, forains. En fait, contrairement aux intentions du législateur, rares sont les Tsiganes pourvus d'un carnet anthropométrique ; la plupart ont obtenu des carnets de forains.

Les Tsiganes, en majorité sont français et ont satisfait aux obligations militaires ; il y a cependant encore parmi eux un certain nombre d'étrangers.
La situation des Tsiganes non sédentaires est fréquemment misérable : sous-alimentation, saleté, absence d'instruction la caractérisent d'ordinaire. Ils sont mal supportés par les populations des faubourgs, des villes et par les populations rurales qui craignent leur manque d'hygiène, leur pratique constante du chapardage et leur reproche leur oisiveté. Ils sont naturellement menteurs, sans doute par une sorte de réflexe d'autodéfense ; ils ne sont le plus souvent pas considérés comme faisant partie de la communauté nationale ; même français, ils sont généralement traités comme des étrangers.
La personnalité des Tsiganes est cependant attachante par certains côtés ; ils ont en particulier un sens profond de la liberté ; ils sont souvent musiciens et poètes ; la solidarité familiale est réelle ; l'attachement pour les enfants touche à la passion ; ils ont une conception de l'honneur différente de la nôtre et parfois choquante pour nous, mais qu'on ne saurait méconnaître ; leurs défauts et leurs vices viennent en partie de ce qu'ils vivent dans une société qui les rejette et aux mœurs de laquelle, témoins des agents anciens dans la civilisation moderne, ils n'ont pas su s'adapter.
Au cours des XIXe et XXe siècles, les Tsiganes ont été l'objet de mesures policières prises en méconnaissance des instincts profonds auxquels ils obéissent et, en réalité, contraires aux principes fondamentaux du droit français. Systématiquement, vagabonds, malfaiteurs et Tsiganes ont été confondus. Les pouvoirs publics se sont refusés à se pencher sur la réalité et à distinguer les Tsiganes des oisifs de souche française dont l'errance est due à une tout autre cause que celle des Tsiganes et qui présentaient

effectivement pour la société un danger certain. Mais la poussée raciste, les massacres qui, en certains pays, en ont été la conséquence (les Allemands ont envoyé au four crématoire ou ont utilisé pour des expériences médicales de nombreux Tsiganes), ont fait apparaître le danger de ces mesures trop souvent inhumaines et d'ailleurs inefficaces. La nécessité d'adopter une attitude constructive est devenue évidente. Des incidents récents, dont certains fort graves et ayant entraîné des morts d'hommes, le montrent avec évidence.

***

Une commission interministérielle, créée le 1er mars 1949 par les ministres de l'Intérieur et de la Santé publique et de la Population, a été chargée d'étudier et de proposer aux pouvoirs publics les mesures propres à assurer le relèvement du niveau de vie des Tsiganes. Elle a jusqu'à présent abouti à certaines conclusions générales; d'autres plus précises, seront formulées ultérieurement.

À la politique de répression et d'interdiction doit être substituée une politique plus compréhensive tendant à la fois à permettre le développement humain normal des Tsiganes et à faire disparaître pour les populations au milieu desquels ils vivent les inconvénients inhérents à leur présence. La politique nouvelle visera en réalité à résoudre nos positions entre deux civilisations : la nomade et la sédentaire.

La disparition de la vie nomade ne devra pas être recherchée. Une certaine assimilation des Tsiganes et l'abandon de cette vie pourront résulter à la longue de la nouvelle politique, mais ce ne sera pas le but poursuivi. Ce but sera d'assurer aux Tsiganes une vie pleinement humaine, selon leur génie propre, sans dommage pour les autres populations. La méconnaissance du tempérament propre aux nomades est la principale cause de l'échec, au XVIIIe et XIXe siècles, d'un certain nombre de tentatives faites en leur faveur. Cet échec a eu des conséquences déplorables ; il a puissamment contribué à la politique purement répressive poursuivie ultérieurement.

La politique nouvelle ne réussira que si à la fois le Tsigane et l'opinion publique en comprennent la portée et l'appuient. Un effort devra être fait de part et d'autre pour substituer à une atmosphère hostile de crainte, de mépris et parfois de haine, une atmosphère de compréhension et de sympathie. Si cette atmosphère peut être créée, les problèmes posés par le genre d'existence propre aux nomades pourront être résolus facilement. Une association « Études tsiganes » vient d'être fondée pour informer l'opinion et aider à la création de cette atmosphère.

C'est donc un esprit de sympathie et de compréhension qui devra être à la base de l'action des pouvoirs publics. Les populations tsiganes devront trouver bon accueil auprès de tous les fonctionnaires ; ceux-ci devront s'efforcer non pas de se débarrasser d'eux, mais de résoudre humainement les problèmes humains qui sont les leurs. Ils se souviendront qu'ils ont affaire à des hommes d'une mentalité profondément différente de la leur, vis-à-vis desquels une grande patience est indispensable.

Vous voudrez bien faire part à vos Services de la nouvelle orientation définie par la présente circulaire et examiner avec eux les mesures pratiques qu'elle comportera.

Ces mesures seront très diverses. Elles varieront essentiellement suivant les régions et suivant les habitudes des populations.

Il faudra néanmoins partout :

1) Assurer aux nomades, par les moyens les plus variés, des lieux de stationnement sains pour l'été et l'hiver, les stationnements d'hiver surtout devant être équipés au point de vue sanitaire,

2) Leur fournir l'aide d'assistantes sociales spécialisées relevant d'organismes publics ou privés,

3) Leur procurer un travail régulier leur permettant de vivre normalement,

4) Leur donner une instruction générale minima (tous ne savent pas lire) et une certaine formation professionnelle.

Dans certains départements, les Tsiganes sont nombreux; une action concertée des diverses administrations devra être envisagée suivant les modalités indiquées ci-dessous. Une étroite liaison entre les collectivités et les services dont dépend la solution des problèmes intéressant les Tsiganes est, en effet, la première condition d'une action efficace, non seulement à l'échelle nationale, mais également aux échelons départementaux et locaux. Il faut qu'à ces différents échelons un plan d'action d'ensemble soit établi; des mesures fragmentaires seraient d'une portée très limitée.

Dans ces conditions, la Commission interministérielle est amenée à préconiser l'institution, au chef-lieu de certains départements, d'une commission, fonctionnant sous l'autorité du préfet, chargée d'examiner quelles mesures doivent être prises, sur le plan départemental et local, en faveur des populations tsiganes, de les proposer à la sanction des pouvoirs publics compétents et d'établir entre les divers services et organismes publics et privés intéressés et les Tsiganes eux-mêmes les liaisons nécessaires avec le Comité d'action et de liaison en faveur des populations d'origine nomades.

Il comprend normalement trois catégories de membres :
1) Des représentants des divers services publics intéressés :
- Police
- Gendarmerie
- Artisanat
- Inspection d'académie
- Sécurité sociale
- Santé et Population
- Parquet
- Municipalités.

La collaboration des maires du département – maires des grandes villes, maires des communes rurales – est capitale ; ce sont eux qui, sous le contrôle préfectoral, exercent les pouvoirs de police ; ce sont leurs administrés qui se trouvent au contact direct des Tsiganes.

2) Les personnes s'intéressant activement dans le département à la population d'origine nomade : assistantes sociales, représentants des caisses de Sécurité sociale ou d'Allocations familiales, représentant des associations ayant pour objet l'étude des Tsiganes ou l'aide à leur apporter, etc.

3) Quelques Tsiganes choisis sur les indications des membres de la deuxième catégorie, hommes d'expérience et d'autorité. La liaison avec les Tsiganes est essentielle, l'action entreprise doit rencontrer leur appui.
Il appartiendra au Préfet de désigner le président et le vice-président du Comité. Il pourra réserver la présidence à lui-même ou à son délégué ; il pourra confier à nos fonctionnaires ou même à quelqu'un d'étranger l'administration. L'essentiel est que le Comité soit animé par une personnalité – président, vice-président ou secrétaire – comprenant le problème, ayant la volonté d'obtenir des résultats concrets et se considérant comme responsable de ces

résultats. Il faut qu'il y ait, dans le département, une équipe ou à tout le moins une personne qui se considère comme responsable de la bonne solution du problème intéressant les Tsiganes.

Le plus souvent, après la première ou les premières réunions, des réunions plénières du comité seront inutiles; il suffira de réunir quelques membres pour résoudre un problème déterminé. Il va de soi que le président doit pouvoir toujours inviter aux réunions les personnes dont il estimerait le concours utile.

Le secrétariat du Comité sera assuré à la Direction départementale de la Population; il faut qu'y soient centralisés tous les renseignements sur les Tsiganes et sur ce qui a été fait à leur égard et que les indications puissent y être données sur la façon de résoudre les difficultés.

Les principaux problèmes qui se posent pour les Tsiganes sont relatifs :
- au stationnement
- au service social
- à l'instruction des enfants
- au travail
- à la sécurité sociale.

Stationnement :

De très nombreuses communes ont interdit leurs territoires aux nomades; d'autres ont limité leur séjour à 24 heures; ces mesures sévères ont été autrefois encouragées par l'État; il en est résulté parfois l'impossibilité pour les nomades de s'arrêter ou de séjourner dans les endroits où la présence n'aurait cependant présenté aucun inconvénient.

Il appartient aujourd'hui à l'autorité préfectorale de veiller à ce que les interdictions prononcées correspondent à un intérêt général et que les besoins légitimes des Tsiganes ne soient pas systématiquement méconnus. Une carte des lieux de stationnement souhaitables devrait être établie dans chaque département et même par région. En admettant que le Préfet puisse en tout temps annuler, pour illégalité ou inopportunité, les arrêtés de police des maires, il n'y aura pas lieu en principe, dans une matière particulièrement délicate, d'agir par voie d'autorité ; il sera préférable d'user de persuasion.

Il faut qu'à toute époque, mais en hiver surtout, période où ils demeurent plus longtemps au même endroit, les nomades puissent stationner sur des terrains sains, à proximité d'endroits où leurs enfants pourront aller en classe et eux-mêmes travailler.

Certains Tsiganes sont propriétaires de terrains ou les louent ; d'autres suivent les foires ; dans quelques localités, ils séjournent sur des terrains publics affectés aux nomades, moyennant paiement de droits ou gratuitement ; trop souvent d'ailleurs ces terrains sont occupés dans des conditions d'hygiène déplorable, du fait, non seulement des Tsiganes, mais aussi de services municipaux refusant d'engager la moindre dépense en faveur des Tsiganes.

Parfois, le Tsigane pauvre ne trouve aucun endroit où s'arrêter ; il erre, pourchassé par la police ; des situations tragiques en résultent.

Il importe d'essayer de résoudre, en fonction de l'intérêt général, des intérêts des populations sédentaires et des besoins des Tsiganes, le problème de stationnement.

Les terrains affectés aux nomades devront être sains ; il est désirable qu'ils soient équipés ; cet équipement peut résulter d'un effort conjugué des collectivités publiques – départements, communes – des caisses de sécurité sociale et d'allocations familiales (ne s'agit-il pas, en réalité, d'un problème d'habitat ?) et des nomades mêmes à qui une contribution devrait être demandée.

Service social :
Un service social spécialisé doit, dans toute la mesure du possible, être assuré aux Tsiganes. Une assistante sociale, comprenant la mentalité des Tsiganes, les aimant, peut avoir une influence considérable ; non seulement elle aidera à se débrouiller dans les formalités administratives des familles dont les membres ne savent généralement ni lire, ni écrire, mais elle sera un véritable agent de civilisation ; c'est elle qui donnera aux Tsiganes les notions d'hygiène, c'est sous son influence que les enfants iront à l'école ; elle servira d'intermédiaire normal entre les fonctionnaires et les Tsiganes ; elle dissipera les préventions des uns et des autres et indiquera les solutions constructives.
Dans plusieurs départements, les services sociaux pour les Tsiganes fonctionnent déjà ; dans les autres, il appartiendra au comité d'action et de liaison d'en susciter la création.

Instruction :
Leur vie errante et leurs travaux saisonniers, l'emploi dans la quête de ressources des enfants en âge scolaire, une solidarité familiale qui rend difficile la séparation des parents et des enfants, une certaine insouciance et paresse naturelle, un rythme de vie quotidien différent de celui des autres français, la conviction de leur propre supériorité aussi naturelle que le mépris et l'hostilité fréquente de la population, leur malpropreté traditionnelle constituent autant d'obstacles à la fréquentation normale des écoles primaires par les Tsiganes.

Pour obtenir cette fréquentation, il sera utile au début, pour les groupes les moins évolués, de prévoir des classes spéciales où ils se retrouveront entre eux et dont l'horaire sera différent de celui des classes ordinaires.

À ces classes, des jeunes gens ayant dépassé l'âge scolaire assisteront parfois ; un certain nombre d'entre eux aspirent à l'instruction.

L'observation des règles scolaires normales doit être assouplie ; il faut, par les moyens les plus variés, atteindre le but qui est l'instruction.

Travail :

Les Tsiganes se répartissent en groupes divers dont les traditions et l'ardeur au travail varient beaucoup. En général de tempérament artiste, poète et musicien, ils vivent indolents et insouciants, jouissant ou souffrant dans le moment présent, sans prévoir l'avenir. Naturellement anarchique, ils se plient mal à la discipline imposée du travail salarié : ils exercent des métiers artisanaux, ils y excellent parfois. L'action des pouvoirs publics doit tendre à vaincre une indolence qui présente pour la société et les Tsiganes eux-mêmes les plus graves inconvénients. C'est seulement si, par le travail, ils se procurent des ressources régulières et suffisantes qu'ils ne seront plus tentés de mendier et de voler. Le travail sera pour les Tsiganes un moyen de moralisation ; il ne saurait, en principe, être question pour eux que de travail artisanal. Ils ont la plupart une habileté remarquable à certains travaux manuels. Il faudra les aider à s'organiser entre eux : coopérative, groupement d'achat, etc. ; la collaboration de personnes non tsiganes sera parfois souhaitable.

Quelques-uns des métiers anciens que pratiquent les Tsiganes sont en voie de disparition. Il faut leur rendre accessible des métiers d'avenir et leur assurer une certaine formation professionnelle. Là encore un enseignement technique devra être donné dans des conditions très spéciales.

Sécurité sociale :
La situation des nomades au regard de la sécurité sociale est mal définie.
Les nomades doivent être intégrés dans la Sécurité sociale ; les familles, dans l'état social actuel de la France, ne peuvent normalement vivre sans le bénéfice de la Sécurité sociale ; cependant leur vie errante, la précarité de la ressource rendent cette intégration difficile.
Les solutions doivent être trouvées ; les études sont faites à ce sujet au ministère du Travail, mais il est nécessaire que les Comités se penchent dès maintenant sur le problème pour essayer de trouver dans une application des textes conforme sinon à leur lettre, du moins leur esprit, des solutions satisfaisantes.

Circulaire du 16 mars 1964

Paris, le 16 mars 1964

Le Ministre de l'Intérieur
à Monsieur le Préfet de police
à Messieurs les Préfets

OBJET : *Attitude des Services de Police à l'égard des populations d'origine nomade.*

I. En raison de leur mentalité et de leur comportement, issus d'une longue tradition ancestrale, les populations nomades – en grande partie d'origine tsigane – qui vivent dans notre pays sont soumises depuis fort longtemps à un régime spécial, qui résulte actuellement de la loi du 16 juillet 1912, sur l'exercice des professions ambulantes, et du décret du 7 juillet 1926.
Ces textes, comme d'ailleurs les nombreuses circulaires qui ont précisé leurs conditions d'application, ont été principalement inspirés par le souci de soumettre les nomades à une surveillance assez étroite.
Ce régime ne pouvait guère permettre une évolution de ces populations errantes, pourtant composées en majeure partie de ressortissants français. L'analphabétisme, l'absence de formation professionnelle, l'attachement à des traditions d'un autre âge, l'hostilité fréquente de la population sédentaire, empêchent pratiquement les tsiganes, romanichels, etc. de se reclasser lorsqu'ils sont abandonnés à eux-mêmes. S'ils viennent à se fixer, c'est généralement pour continuer à mener, sans contacts avec le reste de la population, une existence misérable dans des taudis, à la périphérie des grandes villes.

C'est pourquoi un arrêté du 1er mars 1949 a institué une « Commission interministérielle pour l'étude des questions intéressant les populations d'origine nomade ». Présidé par un Conseiller d'État, cet organisme s'attache à dégager les conditions d'une politique permettant de favoriser l'évolution des populations d'origine nomade et leur intégration dans la communauté française. Le point d'aboutissement de cette tâche de longue haleine sera la sédentarisation volontaire de la plupart des intéressés.

II. Les conditions d'une réforme de la loi du 16 juillet 1912, dans un sens plus libéral, doivent être prochainement étudiées par un groupe de travail interministériel. Mais l'évolution des populations intéressées sera facilitée par un changement de l'optique et des méthodes de tous ceux qui, de près ou de loin, sont en contact avec elles. C'est ainsi notamment que l'action quotidienne des Services de Police à l'égard des personnes d'origine nomade – qu'elles soient sédentarisées de fraîche date ou continuent à voyager – ne saurait se cantonner sur le plan de la répression pure, mais doit, plus que par le passé, être conçue comme impliquant également une mission d'aide et d'accueil.

À cet effet, les fonctionnaires de police ne perdront jamais de vue :

- que les populations en cause demeurent en général très attachées à des coutumes ancestrales dépassées, mais vivaces, qui doivent être tolérées si elles n'ont rien d'illégal ;
- que d'assez nombreux tsiganes, surtout parmi les éléments jeunes, comprennent la nécessité d'une évolution ;
- que cette tendance évolutive est toutefois freinée par le cadre tribal dans lequel vivent la plupart des nomades,

par une certaine indolence naturelle, par l'attitude hostile d'une partie de la population sédentaire, etc.

S'ils savent faire preuve de psychologie et de compréhension, les fonctionnaires intéressés parviendront assez vite à vaincre la méfiance des nomades et à acquérir sur beaucoup d'entre eux un certain ascendant qui pourra être utilisé tant dans l'intérêt de ces derniers (scolarisation des enfants, intervention des assistantes sociales en cas de besoin, etc.) que dans celui de la population sédentaire.

III. L'intervention des Services de Police à l'encontre des nomades délinquants devra être plus nuancée qu'autrefois et tendra, dans l'intérêt de leur évolution, à « personnaliser » les mesures prises, suivant l'attitude des intéressés. Cette intervention revêtira ainsi une fermeté non exempte de bienveillance envers ceux qui, même si leur comportement discutable entraîne de légitimes protestations, manifestent de la bonne volonté et ont l'excuse de très vieilles habitudes, imputables aux conditions déplorables dans lesquelles ils ont vécu.

L'action des fonctionnaires s'exercera, par contre, de façon très stricte, à l'égard des nomades qui manifestent un comportement franchement asocial.

En cette hypothèse, la nécessité de défendre efficacement l'ordre public devra prendre le pas sur toute autre considération. Dans certains cas, le retrait du carnet anthropométrique – qui permet aux intéressés de circuler – pourra constituer la seule sanction véritablement efficace contre des individus incorrigibles et vous voudrez bien me saisir, au besoin, des propositions que vous seriez amené à faire en ce sens.

En s'attachant à résoudre humainement les problèmes des nomades, les fonctionnaires de police placés sous votre autorité contribueront efficacement à la promotion sociale d'un certain nombre de leurs compatriotes, qui comptent actuellement parmi les plus démunis et les plus mal adaptés aux nécessités de l'existence.

Pour le Ministre de l'Intérieur
Le Directeur Général de la Sûreté Nationale,

Maurice GRIMAUD

Loi n° 69-3 du 3 janvier 1969 relative à l'exercice des activités ambulantes et au régime applicable aux personnes circulant en France sans domicile ni résidence fixe

Titre Ier : Exercice des activités ambulantes et délivrance des titres de circulation

Article 1er

Toute personne physique ou morale, ayant en France son domicile, une résidence fixe depuis plus de six mois ou son siège social, doit, pour exercer ou faire exercer par ses préposés une profession ou une activité ambulante hors du territoire de la commune où est situé son habitation ou son principal établissement en faire la déclaration aux autorités administratives. Cette déclaration doit être renouvelée périodiquement. [...]

Article 2

Les personnes n'ayant ni domicile ni résidence fixe de plus de six mois dans un État membre de l'Union européenne doivent être munies d'un livret spécial de circulation délivré par les autorités administratives.

Les personnes qui accompagnent celles mentionnées à l'alinéa précédent, et les préposés de ces dernières doivent, si elles sont âgées de plus de seize ans et n'ont en France ni domicile, ni résidence fixe depuis plus de six mois, être munies d'un livret de circulation identique.

Les employeurs doivent s'assurer que leurs préposés sont effectivement munis de ce document, lorsqu'ils y sont tenus.

Article 3
Les personnes âgées de plus de seize ans autres que celles mentionnées à l'article 2 et dépourvues de domicile ou de résidence fixe depuis plus de six mois doivent, pour pouvoir circuler en France, être munies de l'un des titres de circulation prévus aux articles 4 et 5 si elles logent de façon permanente dans un véhicule, une remorque ou tout autre abri mobile. [...]

Titre II : Communes de rattachement

Article 7
Toute personne qui sollicite la délivrance d'un titre de circulation prévu aux articles précédents est tenue de faire connaître la commune à laquelle elle souhaite être rattachée.
Le rattachement est prononcé par le préfet ou le sous-préfet après avis motivé du maire.

Article 8
Le nombre des personnes détentrices d'un titre de circulation, sans domicile ni résidence fixe, rattachées à une commune, ne doit pas dépasser 3 % de la population municipale telle qu'elle a été dénombrée au dernier recensement. [...]

Article 10
Le rattachement prévu aux articles précédents produit tout ou partie des effets attachés au domicile, à la résidence ou au lieu de travail, dans les conditions déterminées par un décret en Conseil d'État, en ce qui concerne :
La célébration du mariage ;
L'inscription sur la liste électorale, sur la demande des intéressés, après trois ans de rattachement ininterrompu dans la même commune ;

L'accomplissement des obligations fiscales ;
L'accomplissement des obligations prévues par les législations de sécurité sociale et la législation sur l'aide aux travailleurs sans emploi ;
L'obligation du service national.
Le rattachement à une commune ne vaut pas domicile fixe et déterminé. Il ne saurait entraîner un transfert de charges de l'État sur les collectivités locales, notamment en ce qui concerne les frais d'aide sociale. [...]

Le Président de la République :
C. DE GAULLE.

Le Premier ministre,
MAURICE COUVE DE MURVILLE.

Le ministre d'Etat, garde des sceaux, ministre de la justice, par intérim,
JEAN-MARCEL JEANNENEY.

Le ministre de l'intérieur,
RAYMOND MARCELLIN.

V. Du bord des chemins aux aires d'accueil, l'insécurité pour... les Voyageurs (1970-2013)

La complexité administrative

L'entrée en application de la loi de 1969 n'a pas facilité la vie du Voyage. L'obligation de « se mettre en règle » nécessite énormément de démarches auprès de toutes sortes d'administrations qui, chacune, a interprété la loi selon son bon vouloir. Les familles, non familiarisées à l'usage de l'écrit et à la prose administrative, ont eu recours à des bénévoles et parfois à des travailleurs sociaux qui eux-mêmes n'étaient pas informés de l'ensemble des dispositions ou des intentions du législateur.

Les familles de voyageurs qui restaient en contact les unes avec les autres dans différentes régions ont rapidement compris qu'il y avait des interprétations différentes des textes et bien souvent ont multiplié les interlocuteurs à qui confier leurs dossiers.

Le choix d'une commune de rattachement a parfois été interprété comme étant le risque d'être à nouveau assigné à résidence comme au moment de la guerre. Là aussi selon l'expérience propre de chaque famille, des stratégies diverses sont mises en œuvre : essayer de s'inscrire dans les grandes villes pour pouvoir se fondre dans la masse (mais nombre de villes refusent ces inscriptions sans devoir se justifier), ou pour d'autres au contraire qui avaient des liens forts avec des communes rurales, choisir de se faire inscrire dans ces petites communes – mais la limitation à 3 % de la population de Voyageurs rattachés à une commune oblige souvent les familles à disperser leurs inscriptions contrairement à l'esprit du législateur.

L'obtention du livret spécial qui ne nécessite plus de visa a obligé les commerçants et artisans à se mettre en règle pour leurs activités économiques, mais aussi les caisses de retraite et d'assurance-maladie, les cotisations CAF, les impôts, d'avoir un casier judiciaire vierge et bien sûr d'apporter la preuve de tout cela. C'est par ailleurs un casse-tête sans nom car rien n'est prévu pour les pluri-actifs – or, presque toutes les familles ont une activité commerciale certains mois de l'année, une activité d'ouvriers agricoles au printemps et à l'automne, ou même de salariés en usine en hiver.

Cela n'a pas posé de vraies difficultés pour les anciens détenteurs du récépissé forain qui étaient les plus à l'aise, mais pour tous les « petits », cela se révèle impossible et ils se retrouvent alors avec des carnets de circulation à faire viser tous les mois au début puis tous les trois mois à partir de 1985.

Durant cette période, la société française se transforme largement, d'autres lois touchant l'ensemble de la population française ont des conséquences sur la vie du voyage. Ce sont en particulier celles qui concernent la scolarisation (et la suppression des allocations familiales en cas d'absentéisme scolaire), la réglementation du stationnement des caravanes de tourisme et la lente interdiction du camping sauvage (au titre de la protection de l'environnement et des sites), la nouvelle réglementation du démarchage et de la vente directe (au titre de la défense des droits du consommateur).

Une réglementation de la vie économique

La nouvelle réglementation du démarchage et de la vente directe, par exemple, prévoit le droit de rétractation du consommateur. C'est-à-dire que pour tout produit vendu au porte-à-porte, le vendeur doit laisser un délai de réflexion de sept jours à l'acheteur avant de concrétiser la vente. Certains parlementaires sont bien conscients du problème que cela pose au monde du Voyage et n'hésitent pas à poser des questions écrites ou orales au gouvernement. C'est ainsi le cas en 1973 de M. le député Sudreau qui écrit au Premier ministre :

« Il apparaît nécessaire de définir clairement la situation des personnes nomades, tsiganes et autres personnes ayant des mœurs et un mode de vie comparables, au sein de la communauté nationale et de fixer d'une manière générale la politique à suivre à leur égard, à la fois dans le domaine professionnel et dans tous les autres domaines où des difficultés sont apparues. Cette nécessité d'une étude d'ensemble a été mise en évidence récemment, lors des débats qui ont précédé le vote de la loi n° 72-1137 du 22 décembre 1972 relative à la protection des consommateurs en matière de démarchage et de vente à domicile. Il est apparu alors que l'application pure et simple de cette loi aux Tsiganes les condamnerait à la misère et les inciterait à se livrer à des activités répréhensibles. Aussi, le Gouvernement, sur la demande de plusieurs parlementaires, a accepté d'insérer dans cette loi des dispositions transitoires en vertu desquelles, pendant une période de cinq ans, les dispositions des articles 1 à 5 de ladite loi ne seront pas applicables aux ventes au comptant n'excédant pas un montant global de 150 francs, effectuées par les propriétaires des objets proposés à la vente ou par les membres de leur famille, lorsque ces personnes sont titulaires, à la date du 1er décembre 1972, d'un titre de circulation prévu par la loi du 3 janvier 1969 susvisée. [...] Ce texte permet de surmonter, dans l'immédiat, l'une des difficultés que pose le mode de vie particulier des « gens du voyage » [...]. Il lui demande si le Gouvernement n'envisage pas [...] de mettre au point les textes législatifs ou réglementaires qui sont indispensables pour permettre aux populations d'origine nomade de s'intégrer progressivement dans la communauté nationale[1]. »

Dans le monde du Voyage, des familles continuent la vie à la campagne et la chine traditionnelle. Mais le mouvement général observé depuis le début des années soixante

1. *Journal officiel* de la République française, Assemblée nationale, 3 mars 1973, p. 1.

de regroupement de ces familles auprès de centres urbains se poursuit.

La vente « en marchant » que pratiquaient les femmes devient quasiment impossible sauf à retourner occasionnellement dans les « petits pays » qu'elles connaissent bien. C'est ainsi le cas de Carmen, gitane de Marseille. Durant les années soixante-dix, elle part deux mois par an avec son mari à bord d'un fourgon rempli de blousons de cuir qu'elle va vendre dans le nord de la France dans les villages qu'elle traversait autrefois avec ses parents et où elle est bien connue. C'est aussi ce qu'évoque Mélanie qui, en 1990, vit à Nantes et raconte qu'au cours de ses visites à ses belles-sœurs du côté de Poitiers, elle en profite pour refaire « la tournée » :

« J'en viens de Poitiers là aujourd'hui. Et ma belle-mère qui habite là à Poitiers, j'ai fait une petite tournée là-bas. Et il y vingt-cinq ans que je connais mes clients. Je vous jure j'ai emmené [ramené] toutes sortes de poulets, j'en ai des canards, j'en ai tout un tas d'affaires et dehors là. Oui c'est vrai. Ils me donnent parce que moi je leur donne un petit peu d'affaires, un peu de torchons, un peu de bricoles, le sac est plein là-bas, des lapins garennes, et puis tout, j'ai passé une semaine j'en viens d'arriver. Les gens [me] reconnaissent, y connaissent les gens depuis longtemps, ils ont de bons souvenirs. [...] Et puis moi je connaissais bien mes maisons, je travaillais. Toujours les mêmes, encore maintenant c'est plus comme maintenant (avant) mais non tout le monde a peur maintenant. Dans ce temps-là les gens avaient pas peur comme maintenant, vous pouviez rentrer dans les maisons, mais aujourd'hui qu'est-ce que vous voulez, il y a que des vols, des crimes, des machins comme ça. Mais dans mon temps y en n'avait pas, ah y en avait bien mais c'était rare, rare, c'était très rare. Mais les gens rentraient, où j'étais connue moi je rentrais comme si je rentrais chez moi. Mais maintenant allez-y donc maintenant[1]. »

Cette pratique de la chine traditionnelle, plus souvent faite de troc que d'échange monétaire, mais pas toujours, continue largement après la « période transitoire » inscrite dans la loi mais elle n'est plus le fait que des femmes les plus âgées qui ne peuvent transmettre ce savoir-faire à leurs filles (qui bien souvent n'en ont pas envie non plus).

Autour des villes, les décharges publiques ou sauvages sont des lieux dans lesquels il est encore aisé de récupérer nombre d'objets usagés revendables sur les

1. Bizeul, 1989 & 1993.

marchés, ou pouvant être recyclés – ferraille, batterie de voiture, etc.

À Marseille, nombre d'usines ont une activité qui varie fortement selon les périodes de l'année et nécessite d'importants renforts de main-d'œuvre à certains moments. Les familles gitanes de la ville, comme les autres couches populaires non qualifiées françaises ou étrangères, y trouvent du travail pour quelques mois. C'est le cas par exemple pour les dattes ; les fruits arrivent par bateaux entiers d'Afrique du Nord et sont conditionnés près du port. Cela vaut aussi pour l'activité du port de pêche et du port de commerce : de nombreux gitans de Marseille sont des dockers occasionnels ou ont leur carte professionnelle à l'année. Il y a encore maints travaux possibles du type dégazage des bateaux pour lesquels il faut constituer une équipe d'hommes acceptant de travailler très intensément durant plusieurs jours, en prenant des risques considérables pour leur santé, mais bien payés – le plus souvent au noir. Cependant, tous les secteurs d'activité connaissent à partir de 1970 une chute constante et la paupérisation des populations pour qui elles étaient essentielles s'accroît.

Dans ces années, l'ensemble de l'activité économique française est affectée par de grandes transformations. Le monde rural se modernise et nombre de voyageurs ne peuvent plus exercer d'activité commerciale même s'ils demeurent une main-d'œuvre importante pour la période des cueillettes. Ainsi dans le Lubéron, ce sont des familles du centre de la France et de la région marseillaise qui remplaceront rapidement la main-d'œuvre étrangère – espagnole et marocaine – pour la cueillette des cerises.

Au moment même où, au ministère de la Population, certains pensent que la nouvelle réglementation va être l'occasion de fixer définitivement les populations d'origine nomade, on observe un phénomène inverse : de jeunes couples dont les parents n'ont jamais voyagé demandent un livret ou un carnet de circulation afin de pouvoir se rendre dans les zones agricoles et y stationner légalement le temps de faire « les saisons ». Et de retour en ville auprès de leurs parents, de pouvoir stationner à côté des bidonvilles et des cités transit qui ont été mises en place et qui ne peuvent pas les accueillir de manière pérenne.

Si, pour la loi, il existe deux catégories de personnes : les gens qui vivent de manière sédentaire, domiciliés de manière permanente, et ceux qui sont « sans domicile ni résidence fixe » ; pour les intervenants sociaux il y en a trois : les nomades, les semi-sédentaires et les sédentaires.

Et pour certaines administrations, il n'en a qu'une : les « gitans », qui doivent faire l'objet d'un repérage bien particulier, d'un suivi attentif et donc, par exemple, la caisse d'allocations familiales des Bouches-du-Rhône décide unilatéralement de qui est « gitan » et attribue à chaque individu un code particulier commençant par le chiffre 400[1].

Que ce soit localement ou au niveau national, cette période qui suit la loi de 1969 voit se multiplier les fichiers spécifiques concernant les « Gitans », qu'il s'agisse des allocations familiales pour les non sédentaires centralisées à Paris, ou des titres de circulations auprès des services du Premier ministre.

1. Lesme, 1974.

Dans une même famille, des personnes vivant dans les mêmes conditions peuvent relever de situations administratives très diverses selon les personnes qui les ont aidées à se « mettre en règle ». Les choix faits par certains travailleurs sociaux ou bénévoles ont été opportuns mais il n'est pas rare qu'ils puissent avoir eu des conséquences involontairement dramatiques. L'inscription comme artisan ou commerçant implique immédiatement le paiement de cotisations à l'URSSAF, à des caisses de retraite, etc. Dans nombre de cas, ces cotisations dues avant même toute rentrée d'argent ne peuvent être payées que grâce aux allocations familiales qui ne sont donc, à ce moment-là, plus disponibles pour la vie quotidienne ou pour le remboursement des crédits pris pour l'achat des caravanes.

Autre situation « cocasse » et fréquente est l'obligation de fournir annuellement son chiffre d'affaires à la CAF mais des familles découvrent brutalement que si la déclaration de leur revenu réel est inférieure à ce que l'organisme considère comme « normal », cela entraîne automatiquement la suspension des allocations familiales.

À partir de ces expériences, nombre de familles vont apprendre à disperser l'assistance pour remplir les papiers entre des acteurs différents (assistantes sociales, instituteurs, prêtres, bénévoles, etc.) afin de demeurer les seules à connaître la totalité de leur situation. Elles découvrent aussi qu'il est plus important de faire des déclarations « réalistes » que de donner les informations exactes. C'est donc tout un savoir nouveau du monde environnant que la jeune génération acquiert, les anciens se tenant le plus souvent en retrait de ce nouveau monde.

Le sentiment d'être des « gens à part » est renforcé par l'organisation pratique des services déconcentrés de l'État : dans les préfectures, les Voyageurs ont affaire aux « services des étrangers », alors qu'ils sont français; de même pour l'Éducation nationale, ce sont les fonctionnaires qui s'occupent des « primo-arrivants » (les enfants d'immigrés ne parlant pas ou peu le français) qui sont également en charge de la scolarisation des enfants du Voyage...

« On peut plus s'arrêter... »

La liberté d'aller et venir, de circuler est un droit constitutionnel. Depuis la fin de la guerre, le Conseil d'État a plusieurs fois rappelé que l'interdiction totale et permanente du stationnement des véhicules des gens du voyage est illégale. De nombreuses circulaires du ministère de l'Intérieur rappellent même l'obligation d'accorder au minimum 48 heures de droit de séjour dans toutes les communes (certaines précisent que le délai souhaitable est d'une quinzaine de jours minimum). Pourtant nombre d'entre elles ont transformé cette consigne ministérielle sous la forme d'arrêtés municipaux interdisant le stationnement de plus 48 heures.

Plusieurs fois interpellés par des associations de Voyageurs ou d'amis des Voyageurs, les pouvoirs publics, par le biais de circulaires, rappellent la nécessité d'un stationnement minimum autorisé d'une semaine afin de favoriser la scolarisation des enfants et de permettre une activité économique normale. Il est même parfois donné des exemples du type : un artisan faisant du rempaillage de chaises doit avoir le temps d'exposer son travail, de se faire connaître de ses clients, que ceux-ci soient rassurés par sa présence plusieurs jours d'affilée afin de lui confier le travail et qu'il ait le temps de le faire et de le rendre comme convenu.

La situation est très variable selon les départements. Dans un certain nombre d'entre eux, des communes interdisent de fait l'arrêt au-delà de 24 heures de tous les détenteurs de titres de circulation, avec la complicité des préfets. Dans d'autres au contraire, ceux-ci font respecter la loi et rappellent les maires à leurs devoirs. Dans certaines zones rurales, ce sont les agriculteurs qui insistent auprès de leurs élus afin que les familles gitanes qui réalisent les travaux de récolte ou de vendanges puissent stationner durant un mois ou deux.

Au fil des ans, on verra d'ailleurs de plus en plus d'agriculteurs accueillir sur leurs propres terres les familles avec lesquelles ils travaillent d'une année sur l'autre, installant souvent un bâtiment léger permettant d'abriter des frigidaires, les cuisinières et un bloc sanitaire[1]. Mais même pour les

1. Bordigoni, 1998, 1999 & 2000.

familles qui bénéficient de ces conditions plutôt favorables, la vie du Voyage n'est pas simple. Les déplacements d'une région à une autre se heurtent à la difficulté de trouver une halte quotidienne et au risque permanent de procès-verbaux pour infraction à un arrêté municipal ou un autre. Les maires étant responsables de « la salubrité publique » et du « maintien de l'ordre », il y a bien souvent à l'entrée de la commune un panneau, pourtant illégal, sur lequel figure la mention « interdit aux nomades ».

Une fois les « saisons » finies, les familles se rapprochent des centres urbains afin de pouvoir passer l'hiver et souvent reprendre une activité de ferrailleurs. Pour autant, le problème du stationnement se pose toujours.

Certaines villes ont commencé à aménager des aires de stationnement réservées aux voyageurs, bien souvent en périphérie, loin des commerces et des écoles malgré les recommandations ministérielles et fréquemment sur des délaissés urbains, en bord d'autoroute et/ou de voies de chemin de fer, quand ce n'est pas à côté de la décharge publique, de la station d'épuration ou du chenil de la SPA (Société protectrice des animaux).

Si tel n'est pas le cas, les élus – surtout ceux de bonne volonté – sont alors soumis à la pression des riverains afin de faire déplacer le « terrain des gitans » ou au moins de construire des murs afin que rien ne soit visible de l'extérieur.

Parmi les Voyageurs les plus à l'aise, nombre d'entre eux vont commencer à acheter des terrains soit dans des zones non constructibles, avec la complicité des agriculteurs et des notaires, ou bien, faisant valoir leur statut d'artisan, dans des zones d'activité où discrètement, derrière les murs encore, ils peuvent tout à la fois stocker, trier la ferraille qu'ils récoltent et installer leurs caravanes pour l'hiver.

Depuis les années soixante, les Voyageurs ont pris l'habitude de faire les marchés, c'est-à-dire de vendre soit leur propre production soit des produits agricoles ou bien des produits manufacturés. Ils participent largement à la diffusion des objets en plastique, jouets, etc. dans les campagnes et les banlieues. L'usage de véhicules automobiles leur permet d'aller se fournir dans des zones plus éloignées de leur résidence habituelle ; la région parisienne devient un lieu d'approvisionnement pour des Voyageurs de toute la France. Mais certains savent aussi aller acheter « des lots » c'est-à-dire des invendus revenus dans les usines en France mais aussi en Italie, en Allemagne ou ailleurs en Europe.

Comme l'indiquait joliment la carte de visite d'un voyageur, Fredo : il est « soldeur en tout ». Mais pour écouler ses lots d'objets souvent peu chers, acheter aussi aux supermarchés (stocks d'invendus), il faut pouvoir aller au-devant des clients et si un lot comprend essentiellement des maillots de bain et des vêtements d'été, il faut savoir se diriger vers les bords de mer, la côte atlantique et la côte méditerranéenne afin de les écouler.

Les difficultés rencontrées dans les déplacements, les contrôles répétés de la police et de la gendarmerie, les difficultés permanentes pour pouvoir stationner vont inciter les Voyageurs à ne plus se déplacer par groupe de trois ou quatre caravanes mais à organiser des « convois » de dix puis vingt véhicules. En effet, cela rend plus difficile l'action des maires et de la police pour les expulser.

À partir de 1972, une nouvelle réglementation concernant le stationnement des caravanes sur des terrains privés peut être appliquée : elle prévoit l'interdiction de stationnement de caravanes plus de trois mois consécutifs. Là encore, son application est très variable d'une commune à l'autre. Mais elle est mobilisable à tout moment quand un maire décide qu'il faut éloigner les « Gitans ». Autour des grandes villes, et parfois au centre même, se développe un certain nombre de « quartiers réservés », des zones où s'installent des caravanes mais aussi de l'habitat précaire auto-construit qui seront rapidement qualifiés de bidonvilles gitans. Ce sont donc de nouveaux problèmes que les municipalités ont à gérer et qui se traduira par la mise en place d'une « politique de résorption de l'habitat insalubre ». Des opérations pilotes ont eu lieu dans différents points du territoire avec des succès divers et bien souvent temporaires, faute d'avoir anticipé la croissance démographique importante que connaissent encore ces familles.

Un face-à-face quotidien

Les années quatre-vingt voient se mettre en place un face-à-face permanent entre les voyageurs et les autorités locales. Dans certains endroits, les négociations ont lieu au coup par coup et des solutions sont trouvées. Quelques municipalités, par exemple, proposent d'ouvrir les campings municipaux l'hiver pour y accueillir les Voyageurs, mais le plus souvent elles prennent des arrêtés qui interdisent l'accès de ces campings aux caravanes ayant « deux essieux », c'est-à-dire les plus grosses, celles des familles nombreuses.

Il faudra attendre le début du XXIe siècle pour que les actions judiciaires contre de tels arrêtés aboutissent à la reconnaissance de pratiques discriminatoires.

Ayant besoin d'être proches des villes, des groupes de Voyageurs ne trouvant plus d'espace de stationnement, s'installent pour quelques jours sur de grands espaces goudronnés stabilisés, les parkings de supermarchés, ceux des stades, etc. Étant souvent eux-mêmes clients de supermarchés, pour la vie quotidienne, mais aussi car ils y rachètent les invendus pour les écouler sur les marchés, les négociations entre Voyageurs et gérants sont parfois plus aisées qu'avec les mairies, et une installation la plus discrète possible de quelques jours est tolérée.

Dans d'autres espaces publics – stades, campus universitaires... – ou privés, ils imposent un rapport de force, une négociation avec le propriétaire et les services municipaux et après une halte de quelques jours s'en vont ailleurs, avant même l'arrivée des décisions du tribunal qui ordonneraient l'expulsion[1].

De plus en plus souvent, les maires essaient d'avoir recours à la justice par des actions en référé. Et l'association des maires de France de relayer auprès de l'État le souhait de modifications législatives qui permettraient les expulsions automatiques de tous ces grands groupes de voyageurs.

Vingt ans après la loi de 1969, la situation du monde du Voyage ne s'est guère

1. Pour voir et entendre les réactions sur le vif d'un groupe de Voyageurs à une décision d'expulsion, voir les *rush* du film de Roland Cottet *Tziganes, Gitans, Gens du Voyage : le droit de vivre* (2004) diffusé sur France 5 le 14 octobre 2008, visibles sur http://idemec.univ-provence.fr/documentaires audiovisuels/Atelier Présences tsiganes.

améliorée en particulier sur la question du droit de stationner et de l'accès au logement pour ceux qui ont toujours vécu de manière sédentaire ou qui ont abandonné récemment le voyage.

La caravane n'est pas reconnue comme un habitat ordinaire.

Le revenu minimum d'insertion (RMI)

C'est en fait l'instauration du RMI qui va permettre une vraie amélioration de la vie quotidienne de familles du Voyage les plus précarisées en particulier par la possibilité d'acheter des caravanes en meilleur état ou neuves. En effet, le RMI devient une ressource régulière qui permet l'accès au crédit pour l'achat de véhicules et de caravanes même si c'est à un taux usuraire de 18 voire 20 %.

La généralisation des grands groupes de Voyageurs

Le développement du mouvement pentecôtiste au sein du monde du Voyage contribue aussi au développement de la circulation en groupes plus importants. Parfois, ce sont de vingt à trente caravanes qui voyagent ensemble dans un secteur : c'est une « mission ».

Ils viennent porter la bonne parole au reste du monde du Voyage, nomade ou sédentaire. Et c'est aussi l'apparition de « conventions », rassemblements locaux de dizaines voire de centaines de caravanes jusqu'aux très grands rassemblements, en particulier en août qui font l'objet de tant de reportages télévisés chaque année[1].

Dès 1986, un groupe de réflexion est chargé de proposer des solutions, il est piloté par le ministère de l'Intérieur. Son option est nettement sécuritaire et il s'agit de trouver les moyens de mieux contrôler ceux qui constituent, selon les représentants du ministère « une population à risque ».

1990, la « première loi Besson »

Au cours de la discussion parlementaire de 1968, de nombreux parlementaires avaient insisté sur la nécessité d'un cadre général de prise en charge de la vie du

1. Du côté catholique, certains tentent la même stratégie avec une « chapelle de toile » mais cela demeure marginal. Sauf dans les lieux traditionnels de pèlerinages (les Saintes-Maries-de-la-Mer, Lourdes...).

monde du Voyage, ce qui n'a jamais été fait. Mais en 1990, à l'occasion d'un projet de loi sur l'habitat, un article prévoit pour la première fois une réglementation nationale pour organiser « les conditions de passage et de séjour des gens du voyage ». Elle émane d'un amendement parlementaire et sera acceptée, un peu à contrecœur par le secrétaire d'État au Logement, Louis Besson. Maire de Chambéry, celui-ci aurait souhaité proposer un projet de loi abordant toutes les questions de la vie du Voyage. Son département et sa ville sont des lieux de passage et de vie de familles « nomades » ou « issues de nomades » depuis des siècles et il connaît bien les réalités de terrain.

L'article 28 de la loi du 31 mai 1990 prévoit les « conditions spécifiques des gens du voyage, en ce qui concerne le passage et le séjour ». Mais elle précise, et c'est le souhait principal des maires, que toutes les communes de plus 5 000 habitants qui mettront à disposition des terrains aménagés auront le droit d'interdire le stationnement sur tout le reste du territoire communal.

Pourtant l'idée de traiter toutes les questions relatives à la vie du Voyage n'est pas abandonnée. La Commission consultative des gens du Voyage est installée en 1992. Elle est placée sous la responsabilité du ministère de l'Emploi et de la Solidarité.

Elle comprend d'autres ministères mais qui ont tous un point de vue bien précis – et différent des autres – sur la manière dont les questions doivent être abordées. En font partie :

– le ministère de l'Intérieur qui délivre les titres de circulation et maintient sa vision d'une population à risque mais il est aussi le ministère de tutelle des collectivités locales (départements et communes), son approche des questions à régler est donc sécuritaire ;

– le ministère de l'Éducation nationale qui doit mettre en œuvre des moyens particuliers pour permettre la scolarisation des enfants puisque la République reconnaît que la vie de Voyage est un droit ;

– le secrétariat d'État au Commerce est aussi présent puisque c'est dans son domaine de compétence que la plupart des Voyageurs exercent leurs activités économiques (commerce et artisanat).

Au sein du ministère de l'Emploi et de la Solidarité, les différentes directions n'ont pas le même point de vue non plus, certaines maintiennent que la seule solution repose sur une « sédentarisation » progressive de toutes les familles, d'autres défendent le droit au Voyage et à un mode vie traditionnel, tout comme le secrétariat d'État au Logement.

Les points de vue sont tellement divergents que cette Commission consultative se réunira en tout et pour tout deux fois en neuf ans d'existence.

L'esprit de travail de cette commission est résumé ainsi par deux chercheurs :

> « Le nomadisme, l'itinérance, le voyage, quelle que soit l'appellation choisie, sont ainsi directement visés par le respect du maintien de l'ordre ou de la "tranquillité" de riverains pour laquelle ils représentent une menace potentielle. Il s'agit de faire en sorte que les gens du voyage rentrent dans l'ordre, et pour les y aider, pour permettre également aux riverains de retrouver des conditions de vie "normales", l'État fait jouer la solidarité nationale[1]. »

La Commission sera remaniée en 1999 et officiellement installée en 2000.

Son action est supervisée directement par le ministre chargé des Affaires sociales

1. Assier-Andrieu et Gottman, 2003, p. 14.

qui prépare au même moment la grande loi de lutte contre l'exclusion sociale. L'esprit de la Commission n'est plus le même : il s'agit bien de trouver les modalités pratiques permettant aux gens du Voyage d'intégrer pleinement la communauté nationale tout en maintenant une forme de vie reconnue constitutionnellement.

À l'inverse de la précédente, cette Commission se réunit quatre fois dès la première année et s'organise en groupes de travail abordant toutes les questions possibles : citoyenneté, médiation, scolarité, illettrisme, formation professionnelle et insertion économique, droits sociaux et vie quotidienne, développement des associations et politique de communication.

Son premier rapport annuel est publié en octobre 2001. Son président résume :

> « La philosophie de la commission est de disposer d'une instance qui permette aux gens du voyage de bénéficier des droits de *tous les Français*. Il ne s'agit donc pas d'agir *en faveur* des gens du voyage ni d'accéder à des demandes particulières, mais de faire en sorte que le droit commun puisse effectivement s'appliquer à tous ceux qui partagent le mode de vie, reconnu, des gens du

voyage ; et pour cela de travailler en premier lieu sur les catégorisations administratives contraires aux règles de droit commun. »

La deuxième loi Besson

La nécessité d'une nouvelle loi s'impose. Le simple article 28 de la loi de 1990 n'a pas réussi à être mis en œuvre sur l'ensemble du territoire national. Pas plus que les incitations précédentes à la création d'aires de stationnement pour Voyageurs, dont la première date de 1957, renouvelées en 1968 et 1986, n'auront pas eu l'effet escompté. De fait, on a pu observer entre 1990 et 1999, une absence de volonté de la majorité des maires et souvent des services de l'État dans les régions à mettre en exécution les décisions de la loi de 1990.

Ce que prévoit la loi

Selon les termes de la loi du 5 juillet 2000[1] : les communes participent à l'accueil des gens du voyage ; leur action s'inscrit dans le cadre de schémas départementaux

1. Résumé réalisé par Anne Gotman, 2004.

qui déterminent, sous l'autorité des préfets, les besoins existants (art. 1er) ; l'obligation d'accueillir incombe aux communes de plus de 5 000 habitants qui peuvent l'assumer dans le cadre d'établissements publics de coopération intercommunale (art. 2) ; sous échéance de deux années, l'État se substitue aux communes mais les dépenses relatives à l'aménagement et à la gestion leur sont imputées (art. 3, al. 1er) ; l'État prend en charge 70 % des dépenses d'investissement (art. 4) à quoi s'ajoute une aide à la gestion (art. 5) ; et la prise en compte des aires d'accueil dans le calcul de la dotation globale financière aux communes (art. 7) ; lorsque les communes s'acquittent de leurs obligations dans les délais impartis, elles peuvent interdire par arrêté tout stationnement hors des aires et ordonner l'évacuation forcée (art. 9).

Ces nouvelles dispositions législatives se veulent à la fois incitatives (par les aides financières de l'État et par la légalisation des expulsions sous certaines conditions) mais en même temps contraignantes pour toutes les communes de plus de 5 000 habitants. Pourtant nombre de maires vont poursuivre ce qu'un observateur a appelé « une grève de la loi ».

Dans quelques cas, cela a pu être avec de « bonnes raisons ». Par exemple, dans une ville importante du bord de la Durance, où vivent de nombreuses familles de Voyageurs, le maire a très tôt donné son numéro de téléphone portable personnel aux membres du monde du Voyage afin d'être immédiatement prévenu de l'arrivée d'un groupe de caravanes. Disposant de vastes espaces dans différentes parties de sa commune, il a toujours organisé le séjour des familles de passage au coup par coup, dans les secteurs différents de sa ville, afin de – précisait-il – ne pas créer de point de crispation. À chaque fois, les services communaux avertissaient la population, organisaient le ramassage des ordures et l'accès à l'eau. Mais il s'agit là d'une exception.

Pourtant cette dizaine d'années n'a pas été stérile car elle a été l'occasion d'une prise de conscience de l'ampleur du problème de l'accueil des Voyageurs mais aussi de ce que l'administration a commencé à désigner comme « les gens du voyage sédentaires ».

Beaucoup d'études localisées ont permis de repérer tout à la fois les difficultés concrètes et réglementaires de la création d'aires d'accueil, mais aussi de faire connaître les communes où des solutions ont pu être trouvées[1].

Menées le plus souvent en concertation avec les associations locales qui connaissent les populations, ces études – souvent rendues publiques – vont être l'occasion d'échanges et vont faire l'objet de publications en particulier dans la revue *Études tsiganes* qui consacre plusieurs numéros importants durant cette période à l'accès au logement[2] et au droit de stationner mais aussi aux questions qui y sont liées : l'accès aux droits, la santé, l'éducation et la formation professionnelle, etc.

L'UNISAT (Union nationale des institutions sociales d'action pour les Tsiganes), puis aussi l'UNAGEV (Union nationale

1. Un réseau d'acteurs des collectivités locales s'est organisé pour « l'échange des savoir-faire des collectivités locales ». Il organise depuis six ans une journée nationale consacrée aux gens du voyage : http://www.reseau-ideal.asso.fr & http://www.reseau-gdv.net; accessible sur inscription seulement.

2. À propos de la loi du 5 juillet 2000, v. *Études tsiganes*, 2001, n° 15.

pour l'action auprès des Gens du voyage), prennent une part très active à ce processus[1], mettant en place également des séries de formation s'adressant à toutes les personnes qui ont à traiter de ces questions sur le terrain. Du côté des Voyageurs, plusieurs associations vont prendre de l'ampleur et tenter de devenir des interlocuteurs privilégiés des pouvoirs publics au niveau national comme au niveau local. Parmi les principales, deux sont d'obédience religieuse – l'ASNIT (Association sociale nationale et internationale Tzigane) et l'ANGVC[2] (Association nationale des Gens du Voyage catholiques) et une laïque : la Vie du Voyage. Il en existe bien d'autres, locales ou nationales qui aussi joueront leur rôle.

La grande nouveauté de la loi de 2000 est qu'elle entend traiter de la question de « l'accueil et de l'habitat des gens du voyage » et ne prend plus le détour, comme

1. La FNASAT-Gens du voyage prendra la relève des ces deux associations – Fédération nationale des associations solidaires d'action avec les Tsiganes et les Gens du voyage.

2. L'ANGVC a édité un *Guide Pratique des Gens du Voyage*, s.l., 2012.

la loi de 1912 ou celle de 1969, de la réglementation des activités économiques non sédentaires.

L'article 1er, alinéa 1er, de cette loi indique que :

> « Les communes participent à l'accueil des personnes dites "gens du voyage" et dont l'habitat traditionnel est constitué de résidences mobiles ».

Toutefois, une enquête menée auprès des acteurs techniques du processus législatif révèle qu'il s'agit bien de :

> « [...] s'engager dans une approche spécifique des composantes de la communauté tsigane en France. C'est elle [...] qui est effectivement visée et non la totalité des personnes qui possèdent des "résidences mobiles". Le texte exprime cet objectif en convoquant la notion de "tradition" attachée à ce mode d'habiter mais en évitant de légiférer ou d'administrer, comme le font d'autres pays d'Europe (comme la Grèce et l'Espagne), sur des groupes "ethniques", "culturels" aux critères prédéfinis[1]. »

Suivant partiellement les recommandations de la Commission nationale consultative des gens du Voyage, la loi prévoit l'établissement pour chaque département

---

1. Assier-Andrieu et Gottman, 2003.

d'un schéma d'implantation des aires d'accueil coordonné par une « Commission consultative départementale des gens du Voyage » présidée par le préfet et le président du Conseil général (et plus souvent leurs représentants). Non seulement cela doit permettre le stationnement temporaire des familles circulantes mais cela doit aussi favoriser la scolarisation, la régularisation des situations administratives et une meilleure intégration sociale et culturelle. Portée par le secrétariat d'État au logement, la loi mobilise cinq ministères, comme la Commission consultative. Les communes qui mettront en œuvre ces aires de stationnement auront le droit d'interdire le stationnement sur le reste du territoire communal (ce droit d'interdire tout autre stationnement est la principale exigence portée par l'Association des Maires de France).

Un Voyageur en décrira sa vision de la chose :

> « Nous les Voyageurs, on est des oiseaux, on a besoin de se poser et maintenant dans chaque département il y a une SPA spéciale, avec de l'eau, de l'électricité et un gardien. On doit aller se poser dans la cage... »

Ainsi que le précise un conseiller technique du ministre :

« L'un des enjeux de la loi est donc que les gens du voyage stationnent dans des aires et cessent de se déplacer en grands groupes racketteurs. »

Une guerre des tranchées ?

En effet, pour pouvoir s'installer provisoirement dans la périphérie des villes où ils peuvent exercer leurs activités économiques, les Voyageurs ont pris l'habitude d'arriver en « grands convois » et d'occuper des espaces le plus souvent publics (stades, campus universitaires, espaces verts, ...) ou privés (parkings de zone commerciale, champs ayant été récoltés...).

Face à ce comportement, les communes multiplient les aménagements, ce que le journal *Le Parisien* (18 avril 2002) nomme les « trucs des villes pour chasser les Nomades » : dos-d'âne impressionnant pour qu'une caravane ne passe pas sans frotter ; plots anti-intrusion mais aussi pics ou blocs de béton, peu esthétiques ; portiques de fer très bas qui empêchent l'entrée des caravanes (15000 euros pièces) ; fossés qui peuvent être franchis en plaçant dessus des plaques de fer, donc doubles fossés ; talus bétonnés (très chers) ; placement de bennes à ordure de trente tonnes pour empêcher l'accès aux terrains (peu esthétiques), etc.

C'est donc bien le problème de cette « guerre de tranchées » que la loi veut faire cesser en systématisant la création d'aires de stationnement et d'aires de « grands passages » (une par département au moins) pour accueillir les grands rassemblements religieux.

Bien évidemment chaque fois qu'une telle confrontation a lieu, cela donne de nombreux articles dans la presse quotidienne régionale ; le « problème du stationnement des voyageurs » acquiert une visibilité publique forte et devient un enjeu municipal et national.

L'idée principale du projet de loi est de rappeler et d'obliger les uns et les autres (les communes et les gens du Voyage) à respecter leurs droits et leurs devoirs, l'État se portant garant du respect de tous les aspects de la loi. Il se donne même le droit de se substituer aux communes qui n'appliqueraient pas la loi – ce qui ne sera pratiquement jamais le cas.

Bilan en 2010 de l'application de la loi de 2000

La loi dite « Besson II » voulait organiser rapidement « l'accueil des gens du voyage » sur des aires répondant à un certain nombre de normes pouvant permettre une vie décente (éviter la proximité des autoroutes et voies de chemin de fer, décharges et autres nuisances, proximité des écoles et des commerces, installations sanitaires décentes, accès à l'eau et à l'électricité, etc.). Dans plusieurs régions la situation s'est effectivement améliorée, mais pas partout.

La Cour des comptes dans son rapport d'octobre 2012 – *L'accueil et l'accompagnement des gens du voyage* – relève tous les manquements à la loi et à ses objectifs ; en particulier elle souligne que dix ans après le vote au parlement, seulement 52 % des places prévues sur des aires d'accueil sont disponibles.

Afin de mettre en œuvre les nouvelles dispositions de la loi de 2000, il est créé auprès de chaque préfet une Commission consultative départementale qui doit tenter de réunir l'ensemble des services de l'État concernés, les municipalités mais aussi des représentants du monde du Voyage, des associations de Voyageurs ou des associations intervenantes auprès d'eux, ou encore des « personnalités qualifiées ».

Un nombre impressionnant d'études et de diagnostics sont commandés sur l'ensemble du territoire. Il y a là un nouveau marché particulier sur lequel se positionnent des bureaux d'études, des associations. De tels travaux avaient déjà été réalisés dans un certain nombre de départements depuis 1990 mais font l'objet de réactualisations, les situations ayant parfois fortement évolué.

Les missions confiées aux bureaux d'études ne sont pas toujours identiques. Il leur est parfois demandé de n'envisager que la question des aires de stationnement pour les familles circulant toute l'année. D'autres fois, ils doivent aussi prendre en compte la situation des familles qui vivent la plus grande partie de l'année au même endroit et ne se déplacent que quelques mois par an pour les travaux agricoles ou les marchés saisonniers. D'autres vont même jusqu'à vouloir traiter la situation des « gens du voyage sédentaires » qui demeurent dans des zones péri-urbaines ou rurales dans un habitat auto-construit et disposant aussi de caravanes qui ne se déplacent plus.

Des situations très différentes

L'examen de ces études révèle la très grande variété de situations de cet ensemble assez indéfini que la loi a appelé « gens du voyage ». Au point qu'un enquêteur a pu s'exclamer en réunion :

« Mais il y a autant de classes sociales chez les Voyageurs que dans la société française dans son ensemble ! »

En effet quels sont les vrais points communs entre les situations concrètement observées ?

Trois exemples :

– **Dans le premier cas**, il s'agit d'un vaste réseau familial implanté dans tout l'Est de la France, qui circule de l'Alsace à la Provence en passant par le Jura, la Savoie et les Alpes. Ces familles ne s'arrêtent que tout à fait exceptionnellement sur les aires d'accueil car dans chacune des régions, un membre de la famille – au sens large – possède un terrain sur lequel il accueille ses « cousins ». Une des activités commerciales de ces familles consiste à rendre visite systématiquement aux pharmaciens des villes et villages traversés chaque année afin de leur fournir des tapis d'Orient ou autres objets d'art qui leur seront réglés par les firmes pharmaceutiques qui les ont chargé de ce démarchage discret. Ce sont là des familles de Voyageurs, détentrices de livrets de circulation, parfaitement en règle avec l'ensemble des administrations mais qui n'en subissent pas moins les brimades liées au statut des gens du Voyage : des contrôles de police plusieurs fois par mois, durant souvent près de trois quarts d'heure (vérification des numéros de châssis des caravanes et des voitures, des numéros des moteurs, passage aux fichiers, etc.). En région Provence-Alpes-Côte-d'Azur, un Voyageur a acheté tout à fait légalement un terrain sur lequel la famille s'arrête quelques mois par an, en respectant la législation ; la municipalité, ne pouvant rien leur reprocher, a tout simplement supprimé le ramassage des ordures devant l'entrée du terrain obligeant le père de famille à négocier avec le directeur du supermarché voisin l'autorisation d'utiliser les containers de la grande surface.

– **Le deuxième cas** est celui d'une famille vivant en Auvergne qui ne possède pas de terrain et durant le printemps et l'été s'installe sur les bords de l'Allier au plus près des exploitations agricoles où les hommes castrent le maïs et ramassent les oignons et les aulx. Payés à la tâche, sans être toujours déclarés par leurs employeurs, ils gagnent tout juste de quoi faire vivre leurs familles. Ils ramènent chaque jour aux femmes et aux grands-mères restées près des caravanes des caisses d'oignons et d'aulx que celles-ci vont tresser. Ce travail long et fastidieux leur est payé 0,10 ou 0,20 euros la tresse ; en une matinée de travail, une femme gagne de quoi acheter un paquet de cigarettes. L'hiver, la famille se rapproche de Clermont-Ferrand pour y ramasser la ferraille. Souvent obligée de se déplacer à cause de décisions d'expulsion, elle a les plus grandes difficultés du monde à pouvoir assurer la scolarisation des enfants dans une même école. De fait, l'accès aux aires d'accueil pour Voyageurs est impossible, les places sont déjà occupées par des familles d'autres groupes. Les membres de la famille sont détenteurs d'un carnet de circulation, à faire viser tous les trois mois ; à une précarité économique évidente, s'ajoute un constant sentiment d'insécurité entretenu par certaines municipalités et les services de police (nationale ou municipale) ou de gendarmerie.

– **Troisième cas.** Dans le Rhône, une famille est sédentarisée depuis 1980, date à laquelle le père de famille achète un terrain ; il y installe tout son petit monde, les enfants vont à l'école, et lui part chaque jour « faire ses tournées », ramassage de la ferraille ou marchés. Sa fille aînée se marie à vingt ans avec un autre Voyageur « qui a toujours vécu sur la commune ». La nouvelle famille doit se trouver un lieu de vie. Elle achète un terrain près de celui du père. Le maire qui « les connaît depuis toujours » les laisse s'installer (une caravane et un algéco). La municipalité change, le nouveau maire refuse l'accès à l'eau et à l'électricité ; un voisin les autorise à se brancher sur son compteur et à se servir d'eau chez lui – il faudra trois ans de démarches et de procédures judiciaires pour que le maire applique la loi et que EDF installe un compteur provisoire (compteur de chantier). Mais en même temps, le maire fait valoir que le terrain est en zone inondable et demande l'expulsion de la famille. En achetant, les nouveaux propriétaires étaient au courant du classement inondable mais avaient indiqué à l'ancien maire qu'ils étaient en mesure de quitter le terrain, avec leurs véhicules et caravanes, en cas d'alerte, d'où l'acceptation par la mairie de leur installation. Située en périphérie de la commune, la parcelle n'a pas d'adresse, et la mairie refuse d'en attribuer une, d'où des séries de difficultés pour faire venir les médecins, obtenir une carte d'identité « normale », c'est-à-dire indiquant une adresse complète et pas simplement le nom de la commune – ce qui signale immédiatement aux forces de l'ordre qu'elles ont affaire à des « gens du voyage » et donc exigent un titre de circulation (dont la non-présentation du carnet est toujours passible d'un an de prison, même si, de fait, cette peine n'est jamais prononcée par les tribunaux). Il faudra une pétition des gens du village (signée par cent cinquante personnes dont le médecin, le pharmacien, les instituteurs, des commerçants) pour que la nouvelle municipalité révise son point de vue.

Les questions touchant au logement des gens du Voyage sont donc complexes.

La création d'aires d'accueil ne peut à elle seule répondre à des besoins si divers[1]. À travers toute la France des formules de « logements adaptés » sont mises en œuvre avec plus ou moins de bonheur, de difficultés mais aussi de belles réalisations qui satisfont et les familles et les communes[2].

La reprise en main par le ministère de l'Intérieur

Le projet de la loi de 2000 proposait des solutions pour « l'accueil et l'habitat des

1. Christophe Robert, 2007.

2. Il ne saurait être question de traiter cet aspect dans cet ouvrage. On se rapportera au *Guide de l'habitat adapté pour les gens du voyage*, ministère de l'Écologie, de l'Énergie, du Développement durable et de la Mer en charge des Technologies vertes et des négociations sur le climat, 2009 et on consultera le site de la FNASAT-Gens du Voyage ainsi que la partie du rapport de la Cour des comptes (oct. 2012) à ce propos.

gens du voyage ». Ces exemples montrent clairement la pertinence de cette initiative du secrétariat d'État au Logement. Mais en 2002, l'alternance politique va changer la donne.

Le « problème des gens du voyage » va repasser sous le contrôle du ministère de l'Intérieur et de son titulaire de l'époque, Nicolas Sarkozy. Changeant de fonction au cours de la décennie à venir, ministre de l'Intérieur, puis ministre des Finances, et finalement président de la République, il conservera un regard constant sur ce dossier.

Dès le retour de la Droite au pouvoir, l'application de la loi de 2000 est reportée. Le calendrier initialement prévu pour que les communes de plus de 5000 habitants se dotent d'aires d'accueil, fait l'objet d'aménagements. En fait, plusieurs reports de deux ans vont se succéder, et ainsi confirmer les maires et services de l'État qu'il n'est pas urgent d'appliquer la loi. Ces décisions interviennent en général en plein mois d'août dans ce que l'on peut appeler des « lois fourre-tout » comme par exemple l'article 21 de la loi du 13 août

2004 sur les libertés et les responsabilités locales.

Le 27 septembre 2002, le ministre de l'Intérieur précise le cadre de l'action préfectorale :

> « Il est évident que l'on ne peut pas tolérer les installations sauvages surtout si elles s'accompagnent d'exactions qui exaspèrent les riverains. Mais, **il doit être clair qu'il n'est pas question d'interdire les gens du voyage**, ni de prévoir des incriminations pour une catégorie sociale particulière. Nous avons le devoir de veiller à ce qu'ils puissent s'installer dans des conditions décentes et satisfaisantes pour tout le monde[1]. »

La nouvelle stratégie de l'État, et donc sa mise en œuvre par les préfets, sont claires. Il n'est pas question de s'attaquer frontalement aux gens du Voyage (on ne peut pas les interdire) mais par contre il est possible et souhaité de leur rendre la vie impossible.

Pour cela, il est décidé de créer de nouvelles infractions (le stationnement illicite de l'installation temporaire sur des terrains privés ou publics). La logique est la même

1. Comme le souligne Assier-Andrieu et Gottman en 2003 : « interdire les "gens du voyage" a donc bien été dans les arrières pensées au cœur même de l'État ».

que celle de la loi de 1912 qui avait créé les carnets anthropométriques et l'obligation de visa à chaque changement de commune : à tout moment, les personnes à qui la loi s'applique sont exposées au risque d'être en infraction et donc passibles d'amendes et de peines de prison.

La reprise en main du traitement de la « question des gens du voyage » par le ministère de l'Intérieur se traduit donc par des mesures qui les visent directement ou indirectement. On les trouve dans la loi d'orientation et de programmation pour la sécurité intérieure (LOPSI du 29 août 2002) et son complément, la loi sur la sécurité intérieure (LSI adoptée le 13 mars 2003).

Cette loi crée une série de nouveaux délits et de nouvelles sanctions concernant la prostitution, la mendicité, les gens du voyage, les squatteurs, les rassemblements dans les halls d'immeubles, les menaces, le hooliganisme, l'homophobie ou le commerce des armes.

Il n'est donc plus question de « l'accueil des gens du voyage », mais au contraire de les montrer du doigt comme éléments du sentiment d'insécurité que ressentirait la population française. Les débats parlementaires vont être l'occasion pour certains élus de re-énoncer haut et fort toute une série d'idées stéréotypées sur « ces gens-là », ces « envahisseurs »... ce ne sont plus des voleurs de poules, mais sûrement des voleurs tout court car on ne sait de quoi ils vivent.

« Les gens du voyage sont dans le collimateur du gouvernement et de la nouvelle majorité parlementaire. Au cours du débat sur le projet de loi d'orientation et de programmation pour la sécurité intérieure (Lopsi), adopté dans la nuit du mercredi 17 au jeudi 18 juillet, en première lecture par les députés (*Le Monde* du 19 juillet), plusieurs personnalités de droite ont proposé de durcir l'arsenal répressif contre les "campements sauvages" de familles nomades. »

Le ministre de l'Intérieur, Nicolas Sarkozy, avait ouvert la voie, le 10 juillet, devant la commission des lois de l'Assemblée nationale, en déclarant :

« Peut-être que l'une des solutions que voudra bien regarder le Parlement [pour lutter contre le stationnement illicite de caravanes] sera la confiscation des véhicules. »

Son vœu a été exaucé. Au nom de la commission des finances, Alain Joyandet, député (UMP-RPR) de Haute-Saône, a, en effet, déposé un amendement pour « sanctionner plus efficacement » les groupes de tsiganes qui refusent de quitter une « propriété privée » alors qu'ils ont été sommés de le faire. Il préconise des « sanctions financières » et, « à titre complémentaire, la confiscation des véhicules ayant servi à commettre l'infraction ».

Christine Boutin, députée (UMP) des Yvelines, a, elle aussi, apporté sa pierre à l'édifice en présentant un amendement qui recommande la mobilisation des groupements d'intervention régionaux (GIR). Composées de policiers, de gendarmes, de douaniers et d'agents du fisc, ces structures ont, au départ, été lancées par le nouveau gouvernement pour combattre la délinquance et l'économie souterraine dans les quartiers en difficulté. C. Boutin souhaite qu'elles s'attaquent également aux :

> « [...] délits commis par les gens du voyage lorsqu'ils présenteront les caractéristiques justifiant l'intervention de plusieurs administrations, notamment fiscale ».

La formule renvoie, en fait, à une suspicion récurrente à propos des nomades, que N. Sarkozy avait bien résumée, le 10 juillet :

« Comment se fait-il que l'on voit dans certains de ces campements tant de si belles voitures, alors qu'il y a si peu de gens qui travaillent ? »

L'amendement de C. Boutin vise donc des familles dont le niveau de confort matériel pourrait être lié à d'éventuelles activités délictueuses ; il cherche aussi à débusquer les tsiganes qui s'exonèrent de leurs obligations fiscales (Bertrand Bissuel dans *Le Monde* en date du 20 juillet 2002).

Organiser l'insécurité... des gens du Voyage

Ces diverses propositions législatives sont adoptées, en particulier celle qui prévoit des mesures nouvelles pour l'« occupation illicite » de terrains publics ou privés.

Il ne saurait être question d'interdire les gens du Voyage, de nier le droit à habiter dans une caravane[1], de circuler, ni même de

1. Conseil d'État, 2 déc. 1983, *Ville de Lille*.

stationner[1]. Pourtant, les nouvelles dispositions législatives tendent à rendre impossible le fait de s'arrêter, ou à tout le moins institue celui d'être en permanence exposé à de possibles poursuites judiciaires. Puisque la caravane constitue un domicile, elle est insaisissable ; alors la loi prévoit qu'il est possible de saisir le véhicule (mise en fourrière immédiate) qui a permis de commettre la nouvelle infraction récemment inventée : « occupation en réunion d'un terrain sans autorisation en vue d'y installer une habitation, même temporaire ». De plus, le conducteur s'expose au risque d'une suspension de trois ans du permis de conduire et d'une amende de 3750 euros et de six mois d'emprisonnement.

Plusieurs remarques s'imposent.

La loi prévoit de sanctionner « une occupation en réunion », ce qui signifie qu'une caravane isolée ne pourrait être concernée, mais que s'il y en a deux, cela constitue un délit (réunion) : c'est effectivement bien connaître les gens du Voyage qui se déplacent presque toujours en famille et ainsi ne

1. Cour européenne des droits de l'Homme, rapport du 11 janvier 1995, n° 20348/92.

pas viser les touristes ou les travailleurs nomades qui vivent en caravane.

Si une procédure de ce type est lancée, elle continue même lorsque les Voyageurs sont partis, et il est arrivé à certains d'apprendre que des poursuites ont été engagées contre eux au moment de faire viser leur carnet de circulation (obligatoire tous les trois mois) et d'être retenus 48 heures en garde à vue sous ce prétexte. Du coup, certains ont été obligés de ruser, c'est-à-dire de posséder un véhicule à leur nom (une vieille 4L par exemple), le véhicule qui pourrait être saisi, et de trouver un prête-nom (souvent un *gadjo* ami) pour le véhicule qui sert effectivement à tracter la caravane.

Dans ce jeu du chat et de la souris, personne n'est dupe. Les gendarmes se doutent de ces astuces, mais n'y peuvent rien directement.

Cela renforce souvent un discours selon lequel les Voyageurs sont des « menteurs », des « tricheurs » ou bien comme on l'entend souvent qu'ils bénéficient de « protections ».

La loi précise qu'il y a délit quand une occupation d'un terrain public ou privé se fait sans autorisation. Beaucoup d'élus en ont alors une lecture très extensive et considèrent que toute occupation d'un terrain sans leur autorisation n'est pas possible. Ainsi, le département du Val-de-Marne a autorisé un groupe de Voyageurs à stationner sur un terrain dont il est propriétaire, mais le maire de la commune concernée a supprimé l'arrivée d'eau qu'il y avait sur le terrain et suspendu le ramassage des ordures. À la suite de cela, il prend une décision d'expulsion pour risques d'insalubrité ! Mais comme cela ne suffit pas à ses yeux, il organise à l'entrée du terrain un barrage filtrant (avec les camions poubelles de la commune) interdisant l'accès aux véhicules à quatre roues, etc.

Il faudra deux ans de procédures judiciaires pour que la Cour de cassation déclare illégales les mesures prises par le maire et condamne la commune aux dépens[1]. Et les Voyageurs avaient continué leur route depuis bien longtemps.

---

1. Cour de cassation (première chambre civile), 28 nov. 2006, pourvoi n° 04-19134, à consulter sur le site de la FNASAT-Gens du voyage.

La possibilité pour un maire de déclencher une procédure d'expulsion d'un lieu de sa commune (terrain ou immeuble) peut toujours se faire au titre des risques de la salubrité publique ou de la sécurité. Ce fut le cas dans une très riche commune de Haute-Savoie dont le maire occupait à l'époque des faits une des plus hautes charges de la République. Revenant dans sa commune le week-end, il est averti qu'un terrain privé a été mis à disposition d'un groupe de Voyageurs par un de ses administrés. Celui-ci refusant de revenir sur l'autorisation donnée, le député-maire convoqua le samedi matin l'ensemble des services de la mairie, mais aussi du conseil général, de la gendarmerie et de la police nationale pour faire appliquer immédiatement l'arrêté d'expulsion, pris en urgence le matin même, pour atteinte à la salubrité publique. Ce qui fut fait dans l'après-midi. Il n'y eut aucune action judiciaire contre cette décision abusive.

Fichiers

Depuis la loi de 1912, des fichiers sont constitués pour suivre de près les

« nomades ». La loi de 1969 instituant les titres de circulation permet de remettre à jour ce qui va devenir une base de données toujours actualisée sur les personnes sans domicile fixe – non pas les SDF comme on l'entend actuellement mais les détenteurs d'un carnet ou d'un livret de circulation – les « gens du voyage » donc. Ce fichier, le SRDF[1], assure le « suivi des titres de circulation délivrés aux personnes sans domicile ni résidence fixe ».

« Il comptait en 2008 plus de 170 000 fiches et est consulté 400 fois par jour. C'est à l'évidence sur ce fichier que l'OCLDI construit ses généalogies des familles[2]. »

L'OCLDI – Office central de lutte contre la délinquance itinérante

Héritier de la cellule interministérielle de lutte contre la délinquance itinérante (CILDI), l'OCLDI, créé par le décret n° 2004 611 du 24 juin 2004, est rattaché à la sous-direction de la police judiciaire de la direction générale de la gendarmerie nationale. Il est implanté au Fort de MONTROUGE, à ARCUEIL (Val de Marne) tout comme l'Office central de lutte contre les atteintes à l'environnement et à la santé publique (OCLAESP).

1. SRDF : sans domicile ni résidence fixe.

2. Consulter le blog : http://libertes.blog.lemonde.fr, 1er avril 2011, par Franck Johannès.

CNIL : pas de « fichier ethnique pérenne » sur les Roms.

L'OCLDI a pour domaine de compétence la lutte « contre la criminalité et la délinquance commises par des malfaiteurs d'habitude qui agissent en équipes structurées et itinérantes en plusieurs points du territoire ».

La délinquance itinérante se manifeste par des crimes ou des délits d'appropriation frauduleuse de biens à caractère sériel, sous forme de vols ou d'escroqueries commis par des malfaiteurs organisés qui usent de leur mode de vie itinérant ou agissent sur de vastes zones d'action pour tenter de freiner l'action judiciaire.

Il est formé de quarante gendarmes et huit policiers mis à disposition par la DCPJ, et reçoit le concours d'un inspecteur des Impôts (DNEF).

Source :
http://www.gendarmerie.interieur.gouv.fr/eng/Sites/Gendarmerie/Presentation/Criminal-investigation-department/Delinquance-itinerante-OCLDI

En effet, la gendarmerie nationale conserve depuis la fin du XIXe siècle une « culture d'entreprise » qui fait de tout « nomade » un suspect particulièrement dangereux. L'outil « purement administratif » que constitue le fichier des détenteurs de titres de circulation a servi à constituer des généalogies de familles, mises sous surveillance permanente. La CNIL, quant à elle, enquêtera sur l'existence d'un « fichier MENS » (« minorités ethniques non sédentaires ») et conclura que ce fichier n'existe pas mais qu'il a existé, en particulier sous la forme d'un fichier généalogique des « gens du voyage » appelé GENEATIC.

Sans aller dans les archives de la gendarmerie, le téléspectateur de M6 ou TF1 a pu en visionner la preuve dans ces reportages à la gloire de l'action de la gendarmerie : on y aperçoit plusieurs fois un gendarme exposant sa vision du monde du Voyage devant un grand tableau blanc sur lequel figure un gigantesque arbre généalogique digne du travail d'un anthropologue où l'on voit tous les liens de parenté et d'alliance d'un groupe familial dans le collimateur de la brigade locale. Il est « amusant » aussi d'entendre le gendarme se plaindre qu'il n'est jamais sûr de savoir qui est qui car « ils rusent en utilisant des surnoms » et beaucoup ont « le même nom ». Il ne s'agit pas de « ruse » mais de cette tradition d'une part des Voyageurs de donner à la naissance un prénom officiel (appelé souvent le « nom d'école » car un enfant n'apprendra son prénom « officiel » qu'en arrivant à l'école) et de donner un prénom ou surnom d'usage (le *romano lap*) par lequel tout individu est connu dans la communauté.

La lecture des notes internes à la gendarmerie[1] permet de se faire une idée de cette « culture d'entreprise ». On peut trouver par exemple ceci :

> « OBJET : Les gens du voyage en Ile-de-France (ZGN)
> Les gens du voyage d'origine européenne (tziganes, roms, gitans, manouches, etc.) seraient environ 260000 sur le territoire français répartis en 150000 itinérants ou semi-itinérants, dont 30000 séjournent en Ile-de-France et 110000 sédentaires. Cette communauté est à l'origine de problèmes concernant l'ordre public et la grande délinquance[2] ».

Suivent trois pages de précisions sur « les problèmes d'ordre public » (stationnement, raccordement à l'eau et à l'électricité, voisinage) et « les aspects de la délinquance » (agressions de personnes âgées, vol dans les distributeurs automatiques de billets, vol de frets et de voitures).

Par ailleurs, dans une note intitulée « Gendarmerie face à la délinquance itinérante », classée confidentiel Défense, il est

1. Pour la police nationale, il faut lire aussi Pichon, 2002.
2. Consultable sur le blog « Libertés surveillées » du *Monde* à la date du 1er avril 2011.

précisé que la surveillance des gens du voyage est légitime car « 30 % des SRDF y sont connus pour avoir commis des infractions ». Tout cela sans bien sûr préciser qu'un simple retard pour un visa du carnet de circulation constitue une infraction, de même que le défaut de présentation de l'assurance du véhicule, mais ne constitue en rien un délit relevant du grand banditisme.

La gendarmerie étant une police de terrain, elle constate aussi des éléments de réalités mâtinées de certaines images anciennes : il existe une « délinquance de subsistance », ainsi :

> « le vol de poules et les vols simples constituent un mode de vie normale. C'est le vol pour se nourrir, s'habiller et pour organiser ses loisirs » ;

dans cette catégorie entre aussi le vol d'argent chez les particuliers et « la vente des meubles, des bijoux et des bibelots anciens » et tous les vols de métaux.

Puis il y a « la délinquance de profit » :

> « La jeune génération ressent des besoins nouveaux : voiture haut de gamme, discothèque, objets luxueux... [...] Des domaines nouveaux sont explorés : stupéfiants, proxénétisme, fausse monnaie. La sédentarisation partielle a en effet permis des contacts avec la pègre ».

Alors « Qui sont-ils ? » se demande l'auteur de la note *confidentiel Défense* :

« Ils vivent en famille, clan ou tribu avec un patriarcat fort même si l'influence du père diminue. Le rôle du chef est important et le gendarme doit le considérer comme un interlocuteur privilégié. L'esprit de clan est très fort ce qui entraîne une solidarité entre les membres du groupe et un rejet de l'étranger.

Ils se marient souvent entre cousins ce qui tend à provoquer une dégénérescence des familles. Vivant en marge de la société des sédentaires, ils touchent cependant les aides sociales : RMI, allocations diverses, mères célibataires, aides sociales des mairies, etc.

Ils ont un mode de vie et des valeurs différentes du reste de la société et bénéficient souvent du soutien d'intellectuels ou de médias. »

Ils sont tellement en marge de la société ainsi que le précise la note dans sa page 3 que « les nomades travaillent à la commande » et « Ils font des études de marché » !

Et en effet, les gendarmes le savent et le répètent souvent, sans commanditaires et sans receleurs, il n'y a pas de voleurs.

L'achat de terrains par les Voyageurs

Face à la difficulté de trouver des endroits où stationner de façon légale et pour une durée suffisante pour pouvoir travailler, nombre de Voyageurs tentent d'acheter des terrains sur lesquels ils pourraient vivre selon leur souhait. Bien souvent ils ne souhaitent pas construire une maison de type traditionnel, mais plutôt une grande pièce commune qui permet de se retrouver, avec tout autour des caravanes qui constituent l'espace privé de chaque couple et de ses enfants en bas âge. Leur choix va le plus souvent se porter sur des terrains non constructibles, en milieu rural, des zones inondables, ou encore à la limite ou dans des zones d'activités artisanales. Il y a à cela plusieurs raisons. La première est économique, ces terrains sont moins chers car justement inconstructibles ou placés à côté de nuisances importantes, bord d'autoroute ou de voies rapides, du chemin de fer ou d'installations polluantes. De plus ces parcelles sont souvent isolées, le voisinage inexistant laisse espérer aux Voyageurs que leur installation ne déclenchera pas de réaction hostile mais aussi leur permettra de vivre comme ils l'entendent sans gêner personne et en restant entre soi.

L'achat de ces terrains ne peut se réaliser, bien sûr, que s'il y a des vendeurs et des notaires. Assez souvent, les Voyageurs vivent déjà ou fréquentent de longue date la commune où ils souhaitent fixer leur base de vie. Des agriculteurs qui les connaissent, mais aussi d'autres personnes leur cèdent volontiers ces bouts de terrain à l'abandon. Dans le meilleur des cas, la vente se fait ordinairement devant notaire ; parfois la mairie essaie de s'y opposer, de façon légale en faisant valoir son droit de préemption, mais cela lui est difficile si plusieurs opérations de ce type ont lieu car elle ne dispose pas des budgets suffisants. Il arrive que le maire tente alors de dissuader le vendeur de contracter avec « ces gens-là ». Le plus souvent cela se fait sous couvert. Mais il est arrivé que ces pressions soient si peu discrètes qu'elles entraînent la condamnation du maire pour discrimination. Ce que la Cour de cassation confirme :

« Bernard X... [est] coupable de complicité de discrimination par refus de fourniture d'un bien en raison de l'origine ou de l'appartenance à une ethnie, l'arrêt attaqué retient que le prévenu a exercé des pressions réitérées sur Liliane Z..., propriétaire d'un terrain situé sur la commune dont il est le maire pour la dissuader de le vendre à Mireille Y... en raison de l'appartenance de cette dernière à la communauté des gens du voyage[1] ».

---

1. Cour de cassation (chambre criminelle), 28 nov. 2006, pourvoi n° 06-81060, *Maire de Brangues*.

Afin de contourner les droits de préemption, il est une nouvelle pratique apparue durant ces années-là : la donation. Au lieu de procéder à une vente selon la procédure ordinaire, le vendeur se transforme en donateur, il transmet par ce moyen le terrain à un Voyageur en évitant la procédure ordinaire. Cela peut se faire si les deux sont d'accord bien entendu, mais aussi et surtout si un notaire entérine l'opération, s'il ne l'a pas lui-même suggérée. Des élus municipaux s'insurgent de ces « ruses » déployées par les Voyageurs, mais en réalité ces « ruses » sont mises en place et en œuvre par des non-Voyageurs dont des dépositaires d'une charge publique. Ces arrangements avec la loi se font certainement avec des contreparties qui ne peuvent qu'être souterraines aux bénéfices des uns et des autres.

De la loi et de ses usages

Du côté de l'État, cette période de dix ans a vu se multiplier les décisions visant à rendre de plus en plus difficile la vie du Voyage, les possibilités de stationner pour ceux qui circulent toute ou partie de l'année, mais aussi pour ceux qui se sont installés ou tentent de le faire d'une manière plus pérenne. Il s'est agi, au fil des mesures prises et des nouvelles infractions créées par la loi, de toujours compliquer la vie des Voyageurs sans jamais remettre en cause le droit de vivre en caravane ou de manière itinérante (inscrit dans la Constitution française et confirmé par les décisions de la Cour européenne des Droits de l'Homme). Parmi les moyens que déploie l'État, il faut noter les tentatives successives de créer une « taxe d'habitation[1] » pour les personnes vivant à l'année en caravane, alors même que cette forme d'habitat n'est pas éligible aux aides ordinaires pour les plus démunis.

Face à cette situation, le monde du Voyage va aussi se servir de la loi. Il n'est pas simple d'entamer une procédure contre les autorités locales. Pourtant, au fil des ans, de plus en plus de Voyageurs sont amenés à le faire, souvent avec le soutien efficace d'associations locales ou nationales et l'assistance de juristes de plus en plus

1. Intitulée « taxe sur les résidences mobiles terrestres », voir le dossier complet sur cette question et son historique sur le site http://www.depechestsiganes.fr/?p=1258.

compétents. L'importante jurisprudence qui s'est constituée permet de faire reconnaître leurs droits à des citoyens français très régulièrement discriminés ainsi que le reconnaîtra la Haute Autorité de lutte contre les discriminations et pour l'égalité (HALDE) à partir de 2007[1].

Succession de rapports

Depuis la loi de 1969, il y a eu très régulièrement des rapports confiés par les gouvernements successifs soit à des personnalités qualifiées, soit à des hauts fonctionnaires, au président de la Commission nationale consultative des Gens du Voyage, mais aussi à des parlementaires. Parmi les plus récents, on relève :

– Commission nationale consultative des droits de l'Homme, *Études et propositions sur la situation des Roms et des gens du voyage en France*, adoptée en assemblée plénière le 7 février 2008 ;

1. Pour se faire une idée de l'importance de cette jurisprudence, v. par exemple : http://www.fnasat.asso.fr/jurisprudence.html. Les différents textes de la HALDE sont en ligne sur son site.

– Pierre Hérisson, sénateur, *Le stationnement des gens du voyage*, Rapport au Premier ministre, mai 2008 ;

– Dominique Raimbourg, député, Rapport d'information déposé par la commission des lois constitutionnelles, de la législation et de l'administration générale de la République sur la proposition de loi (n° 3042) de MM. Jean-Marc Ayrault et Pierre-Alain Muet et plusieurs de leurs collègues visant à mettre fin au traitement discriminatoire des gens du voyage, enregistré à la Présidence de l'Assemblée nationale le 19 janvier 2011 ;

– Didier Quentin, député, Rapport d'information déposé par la commission des lois constitutionnelles, de la législation et de l'administration générale de la République, en conclusion des travaux d'une mission d'information sur le bilan et l'adaptation de la législation relative à l'accueil et l'habitat des gens du voyage, enregistré à la présidence de l'Assemblée nationale le 9 mars 2011 ;

– Pierre Hérisson, sénateur, parlementaire en mission, président de la Commission nationale consultative des Gens du

Voyage, *Gens du Voyage : pour un statut proche du droit commun*, rapport au Premier ministre, juillet 2011.

La lecture de tous ces rapports indique nettement les glissements progressifs de la réflexion des personnes qui les rédigent. Pour aboutir à cette formule tout de même surprenante de créer « un statut proche du droit commun ».

La logique de ce mouvement prend la forme d'une proposition de loi déposée par Jean-Marc Ayrault, alors président du groupe socialiste à l'Assemblée nationale le 15 décembre 2010, dans l'opposition à cette date, et comprenant un article unique.

PROPOSITION DE LOI

Article unique

La loi n° 69-3 du 3 janvier 1969 relative à l'exercice des activités ambulantes et au régime applicable aux personnes circulant en France sans domicile ni résidence fixe est abrogée.

Elle sera examinée par l'Assemblée nationale le 11 février 2011. Elle est rejetée par la majorité de l'époque.

2012
Deux événements majeurs

Le mois d'octobre 2012 constitue une période cruciale dans l'histoire du traitement administratif de la population française, les « gens du voyage ». En effet deux des plus importantes institutions de la République française ont rendu publics une décision (Conseil constitutionnel) et un rapport (Cour des comptes)[1].

Le Conseil constitutionnel

La décision du Conseil constitutionnel par une décision du 5 octobre invalide une partie de la loi de 1969 (abolition immédiate du « carnet de circulation », modification de l'accès au droit de vote) mais déclare conforme à la Constitution la délivrance des « livrets de circulation », ainsi que l'inscription à une commune de rattachement de ces détenteurs dans la limite des 3 % prévue en 1969.

1. L'une et l'autre sont disponibles sur les sites web de ces institutions. On peut également les lire – avec des commentaires – sur le site des dépêches tsiganes :

http://www.depechestsiganes.fr/?p=4865 & http://www.depechestsiganes.fr/?p=4797.

La Cour des comptes

Le rapport de la Cour des comptes – *L'accueil et l'accompagnement des gens du voyage* – rendu public le 11 octobre, dresse un bilan très complet de l'application de la loi de 2000 et se saisit des questions connexes. Il comprend quatre chapitres, une conclusion générale et un récapitulatif des recommandations. Les quatre chapitres sont :

I – Une politique publique ambitieuse mais insuffisamment pilotée

II – L'obligation d'accueil : une mise en œuvre partielle et un effet à apprécier sur les stationnements illicites

III – L'aménagement, la gestion des aires et l'habitat adapté : une faible mobilisation des acteurs publics

IV – L'accompagnement social et scolaire : des résultats insuffisants

Sans pouvoir résumer l'intégralité d'un rapport riche et précis, il y a plusieurs faits importants à souligner. En particulier, la grande disparité régionale quant à la mise en œuvre des aires d'accueil – au niveau national, seulement 52 % des places prévues ont été construites. La région Provence-Alpes-Côte-d'Azur[1] se distinguant par le plus faible taux de réalisations programmées de même que l'Île-de-France et le Languedoc-Roussillon (30 %), alors que les régions de l'Ouest (Basse-Normandie, Bretagne, Poitou-Charentes) dépassent les 80 %.

Parallèlement, de fortes interrogations sont sous-jacentes quant aux formes de délégation de service public dont les gestionnaires des aires se trouvent en responsabilité.

1. Il y a peut-être une explication possible à cela qui ne figure pas dans le rapport. En effet, une association régionale a eu un rôle très particulier dans la gestion de la question et a réussi à être, par moments, considérée comme un interlocuteur privilégié des pouvoirs publics alors même que la presse a pu souligner des dérives importantes (*Charlie hebdo*, n° 1045, 27 juin 2012).

Circulaire du 16 mai 1978

MINISTÈRE DE L'INTÉRIEUR
DIRECTION de la RÉGLEMENTATION et du CONTENTIEUX

Paris, le 16 mai 1978

LE MINISTRE de l'INTÉRIEUR à MESSIEURS les PRÉFETS

OBJET : situation des nomades

Lors des réunions du Comité des usagers du ministère de l'intérieur, la situation souvent difficile des Gens du Voyage, et notamment de ceux dont la profession, les occupations nécessitent un déplacement continuel en caravane pendant la majeure partie de l'année, a été évoquée par les élus et les représentants des usagers.

Afin d'améliorer leurs conditions de vie et de faciliter leur intégration dans la communauté nationale, je souhaiterais que soit prévu dans les secteurs connus comme lieu habituel de séjour et de passage de ces populations, des terrains aménagés pour l'accueil des caravanes.

Il convient à cet égard que, dans les communes pour lesquelles un plan d'occupation des sols est en cours d'établissement, le directeur départemental de l'équipement se préoccupe de la possibilité d'ouvrir des aires de stationnement, et appelle cette question à l'attention des groupes de travail.

Je précise que, sauf cas particulier et notamment la présence d'équipes d'action socio-éducative, il est préférable que les aires de stationnement se limitent à une capacité d'une quinzaine de caravanes.

J'insiste, par ailleurs sur la nécessité de leur entretien et de leur surveillance régulière.

Je vous demande également de veiller à ce que l'accueil des populations nomades soit le meilleur possible.

Seuls des séjours suffisamment longs au même endroit permettent aux adultes d'exercer une activité professionnelle et aux enfants de fréquenter utilement l'école, il y a lieu de faciliter ce type de séjour.
Je vous rappelle à ce propos que, sauf motif d'ordre public, le stationnement des caravanes ne saurait être légalement interdit d'une manière générale et absolue.

Le MINISTRE de l'INTÉRIEUR
Christian Bonnet

Article 28 de la loi du 31 mai 1990

Art. 28 – Un schéma départemental prévoit les conditions d'accueil spécifique des gens du voyage, en ce qui concerne le passage et le séjour, en y incluant les conditions de scolarisation des enfants et celle d'exercice d'activités économiques.
Toute commune de plus de 5 000 habitants prévoit les conditions de passage et de séjour des gens du voyage sur son territoire, par la réservation de terrains aménagés à cet effet. Dès la réalisation de l'aire d'accueil définie à l'alinéa ci-dessus, le maire ou les maires des communes qui se sont groupées pour la réaliser pourront par arrêté, interdire le stationnement sur le reste du territoire communal.

La loi de 2000 (loi Besson II – version initiale)

JORF n° 155 du 6 juillet 2000 page 10189

Texte n° 1

LOI

LOI n° 2000-614 du 5 juillet 2000 relative à l'accueil et à l'habitat des gens du voyage (1)

NOR : EQUX9900036L

L'Assemblée nationale et le Sénat ont délibéré,

L'Assemblée nationale a adopté ;

Le Président de la République promulgue la loi dont la teneur suit :

Article 1er

I. - Les communes participent à l'accueil des personnes dites gens du voyage et dont l'habitat traditionnel est constitué de résidences mobiles.

II. – Dans chaque département, au vu d'une évaluation préalable des besoins et de l'offre existante, notamment de la fréquence et de la durée des séjours des gens du voyage, des possibilités de scolarisation des enfants, d'accès aux soins et d'exercice des activités économiques, un schéma départemental prévoit les secteurs géographiques d'implantation des aires permanentes d'accueil et les communes où celles-ci doivent être réalisées.

Les communes de plus de 5 000 habitants figurent obligatoirement au schéma départemental. Il précise la destination des aires permanentes d'accueil et leur capacité. Il définit la nature des actions à caractère social destinées aux gens du voyage qui les fréquentent. [...]

Article 2

I. - Les communes figurant au schéma départemental en application des dispositions des II et III de l'article 1er sont tenues, dans un délai de deux ans suivant la publication de ce schéma, de participer à sa mise en œuvre. Elles le font en mettant à la disposition des gens du voyage une ou plusieurs aires d'accueil, aménagées et entretenues. Elles peuvent également transférer cette compétence à un établissement public de coopération intercommunale chargé de mettre en œuvre les dispositions du schéma départemental ou contribuer financièrement à l'aménagement et à l'entretien de ces aires d'accueil dans le cadre de conventions intercommunales. [...]

Article 3

I. - Si, à l'expiration d'un délai de deux ans suivant la publication du schéma départemental et après mise en demeure par le préfet restée sans effet dans les trois mois suivants, une commune ou un établissement public de coopération intercommunale n'a pas rempli les obligations mises à sa charge par le schéma départemental, l'État peut acquérir les terrains nécessaires, réaliser les travaux d'aménagement et gérer les aires d'accueil au nom et pour le compte de la commune ou de l'établissement public défaillant.

Les dépenses d'acquisition, d'aménagement et de fonctionnement de ces aires constituent des dépenses obligatoires pour les communes ou les établissements publics qui, selon le schéma départemental, doivent en assumer les charges. Les communes ou les établissements publics deviennent de plein droit propriétaires des aires ainsi amé-

nagées, à dater de l'achèvement de ces aménagements.
[...]

Article 11

Un décret en Conseil d'État détermine les conditions d'application de la présente loi.

La présente loi sera exécutée comme loi de l'État.

Fait à Paris, le 5 juillet 2000.

Jacques Chirac

Par le Président de la République :

Le Premier ministre,
Lionel Jospin

Le ministre de l'économie,
des finances et de l'industrie,
Laurent Fabius

La ministre de l'emploi
et de la solidarité,
Martine Aubry

Le garde des sceaux,
ministre de la justice,
Élisabeth Guigou

Le ministre de l'intérieur,
Jean-Pierre Chevènement

Le ministre de l'équipement,
des transports et du logement,
Jean-Claude Gayssot

Le secrétaire d'État à l'outre-mer,
Jean-Jack Queyranne

Le secrétaire d'État au logement,
Louis Besson

La secrétaire d'État au budget,
Florence Parly

LOPSI 2002 et gens du voyage

JORF du 30 août 2002 page 14398

Texte n° 1

LOI

LOI n° 2002-1094 du 29 août 2002 d'orientation et de programmation pour la sécurité intérieure (1)

NOR : INTX0200114L

L'Assemblée nationale et le Sénat ont adopté,

Vu la décision du Conseil constitutionnel n° 2002-460 DC du 22 août 2002,

Le Président de la République promulgue la loi dont la teneur suit :

PREMIÈRE PARTIE
PRINCIPES GÉNÉRAUX

I. - Fixer la nouvelle architecture institutionnelle de la sécurité intérieure

Les orientations présentées

Article 1er
Les orientations de la politique de sécurité intérieure figurant à l'annexe I sont approuvées.

Article Annexe

ANNEXE I

RAPPORT SUR LES ORIENTATIONS DE LA POLITIQUE DE SÉCURITÉ INTÉRIEURE

.../...

Sur le plan opérationnel, l'accent sera mis sur les formes d'action permettant d'associer tous les services de l'État concernés :

– d'une part, au niveau national, par le renforcement des offices centraux de police judiciaire déjà existants, chargés de lutter contre les formes spécialisées de délinquance, et par la création d'un nouvel office central chargé de la recherche des malfaiteurs en fuite, ainsi que la transformation de la cellule interministérielle de lutte contre la délinquance itinérante (CILDI) en office central;

– d'autre part, au niveau local, grâce aux groupes d'intervention régionaux (GIR), destinés à lutter contre la délinquance violente, les trafics illicites et l'économie souterraine, en particulier dans les zones sensibles. Ces groupes seront associés à la lutte intérieure contre les réseaux d'immigration clandestine. Ils permettront de conjuguer l'action des services de police et de gendarmerie avec celle des douanes, des services fiscaux et des services de la concurrence et de la répression des fraudes ainsi que des directions du travail et de l'emploi. Les groupes d'intervention régionaux prendront en charge les délits commis par les **gens du voyage** lorsqu'ils présenteront les caractéristiques justifiant l'intervention de plusieurs administrations, notamment fiscale.

(.../...)

Pour faire face notamment aux difficultés liées à l'accueil des **gens du voyage** et afin de mieux protéger la propriété de chacun, le Gouvernement proposera de sanctionner plus efficacement le refus d'obtempérer aux injonctions formulées à l'encontre de groupes de personnes occupant illégalement la propriété d'autrui, qu'elle soit publique ou privée. Outre des sanctions financières, il pourra être prévu, à titre complémentaire, la confiscation des véhicules ayant servi à commettre l'infraction.

Par ailleurs, le Gouvernement se fixe pour objectif de mieux réprimer des comportements qui affectent particulièrement la vie quotidienne de nos concitoyens et se sont multipliés au cours des dernières années, tels que la mendicité agressive et les regroupements dans les parties communes des immeubles ainsi que le défaut de permis de conduire et le refus d'obtempérer.

Loi de sécurité intérieure (2003) (LSI 2003 extraits)

JORF n° 66 du 19 mars 2003 page 4761

Texte n° 1

LOI

LOI n° 2003-239 du 18 mars 2003 pour la sécurité intérieure (1)

NOR : INTX0200145L

L'Assemblée nationale et le Sénat ont adopté,
Vu la décision du Conseil constitutionnel n° 2003-467 DC en date du 13 mars 2003 ;
Le Président de la République promulgue la loi dont la teneur suit :

Article 53

Le code pénal est ainsi modifié :
1° Après l'article 322-4, il est inséré un article 322-4-1 ainsi rédigé :
« Art. 322-4-1. – Le fait de s'installer en réunion, en vue d'y établir une habitation, même temporaire, sur un terrain appartenant soit à une commune qui s'est conformée aux obligations lui incombant en vertu du schéma départemental prévu par l'article 2 de la loi n° 2000-614 du 5 juillet 2000 relative à l'accueil et à l'habitat des gens du voyage ou qui n'est pas inscrite à ce schéma, soit à tout autre propriétaire autre qu'une commune, sans être en mesure de justifier de son autorisation ou de celle du titulaire du droit d'usage du terrain, est puni de six mois d'emprisonnement et de 3 750,00 euros d'amende. »

« Lorsque l'installation s'est faite au moyen de véhicules automobiles, il peut être procédé à leur saisie, à l'exception des véhicules destinés à l'habitation, en vue de leur confiscation par la juridiction pénale. » ;

2° Après l'article 322-15, il est inséré un article 322-15-1 ainsi rédigé :

« Art. 322-15-1. – Les personnes physiques coupables de l'infraction prévue à l'article 322-4-1 encourent les peines complémentaires suivantes :

« 1° La suspension, pour une durée de trois ans au plus, du permis de conduire » ;

« 2° La confiscation du ou des véhicules automobiles utilisés pour commettre l'infraction, à l'exception des véhicules destinés à l'habitation. » [...]

Article 58

Après l'article 9 de la loi n° 2000-614 du 5 juillet 2000 précitée, il est inséré un article 9-1 ainsi rédigé :

« Art. 9-1. – Dans les communes non inscrites au schéma départemental, le maire peut, par voie d'assignation délivrée aux occupants et, le cas échéant, au propriétaire du terrain ou au titulaire d'un droit réel d'usage, saisir le président du tribunal de grande instance aux fins de faire ordonner l'évacuation forcée des résidences mobiles installées sur un terrain privé n'appartenant pas à la commune, lorsque le stationnement est de nature à porter atteinte à la salubrité, la sécurité ou la tranquillité publiques. »

Communiqué de presse du Conseil constitutionnel du 5 octobre 2012

Communiqué de presse
M. Jean-Claude P.
[Régime de circulation des gens du voyage]

Le Conseil constitutionnel a été saisi le 17 juillet 2012 par le Conseil d'État, dans les conditions prévues par l'article 61-1 de la Constitution, d'une question prioritaire de constitutionnalité posée par M. Jean–Claude P. Cette question était relative à la conformité aux droits et libertés que la Constitution garantit des dispositions des articles 2 à 11 de la loi du 3 janvier 1969 relative à l'exercice des activités ambulantes et au régime applicable aux personnes circulant en France sans domicile ni résidence fixe. Dans sa décision n° 2012-279 QPC du 5 octobre 2012, le Conseil constitutionnel a déclaré contraires à la Constitution les dispositions de la loi du 3 janvier 1969 instaurant un carnet de circulation ainsi que celles imposant aux personnes sans domicile ni résidence fixe, trois ans de rattachement ininterrompu dans la même commune pour être inscrites sur les listes électorales. Il a, pour le surplus, déclaré les dispositions de la loi du 3 janvier 1969 conformes à la Constitution.

I – Les dispositions de la loi du 3 janvier 1969 instaurant un carnet de circulation sont contraires à la Constitution. L'article 5 de la loi de 1969 institue un carnet de circulation. Celui-ci doit être détenu par les personnes dépourvues de domicile ou de résidence fixe depuis plus de six mois, qui logent de façon permanente dans un véhicule, une remorque ou tout autre abri mobile et qui ne justifient pas de ressources régulières leur assurant des conditions normales d'existence. Ces personnes doivent faire viser tous les trois mois par l'autorité administrative ce carnet de circulation. Est punie d'une peine d'un an d'emprisonnement la personne circulant sans ce carnet de circulation. Le Conseil constitutionnel a jugé que ces diverses dispositions sont contraires à la Constitution.

La loi de 1969, en imposant un titre de circulation à des personnes sans domicile ni résidence fixe de plus de six mois, a poursuivi des fins civiles, sociales, administratives ou judiciaires. Prévoir un carnet de circulation particulier pour des personnes ne justifiant pas de ressources régulières est sans rapport avec ces finalités et donc contraire à la Constitution. De même imposer un visa tous les trois mois de ce carnet et punir d'une peine d'un an d'emprisonnement les personnes circulant sans carnet porte à l'exercice de la liberté d'aller et de venir une atteinte disproportionnée au regard du but poursuivi.

L'annulation de ces dispositions prend effet immédiatement, dès la publication de la décision du Conseil constitutionnel.

II – Les dispositions de la loi du 3 juin 1969 imposant aux personnes sans domicile ni résidence fixe trois ans de rattachement ininterrompu dans la même commune pour être inscrites sur les listes électorales sont contraires à la Constitution.

Le Conseil constitutionnel a une jurisprudence particulièrement vigilante, ancienne et constante, sur les mesures qui restreignent l'exercice de leurs droits civiques par les citoyens. Il en a fait application en l'espèce pour juger qu'en imposant pour l'inscription sur les listes électorales un délai de trois ans de rattachement ininterrompu, les dispositions de la loi de 1969 étaient contraires à la

Constitution. L'annulation de ces dispositions prend effet immédiatement, dès la publication de la décision du Conseil constitutionnel.

III – Les autres dispositions de la loi de 1969 contestées sont conformes à la Constitution.

Le Conseil constitutionnel a jugé que l'existence et les règles de visa de titres de circulation applicables aux personnes circulant en France sans domicile ni résidence fixe ne sont pas, en elles-mêmes, contraires au principe d'égalité et à la liberté d'aller et de venir. Il s'agit pour l'État de pallier la difficulté de localiser les personnes qui se trouvent sur son territoire et qui ne peuvent être trouvées au moyen du domicile ou de la résidence, à l'instar de la population sédentaire. Le Conseil a ainsi jugé qu'en imposant aux personnes précitées d'être munies d'un titre de circulation, le législateur a entendu permettre, à des fins civiles, sociales, administratives ou judiciaires, l'identification et la recherche de ceux qui ne peuvent être trouvés grâce à un domicile ou à une résidence fixe d'une certaine durée, tout en assurant, aux mêmes fins, un moyen de communiquer avec ceux-ci.

En outre, le Conseil a jugé que la distinction opérée par la loi entre les personnes qui ont un domicile ou une résidence fixe de plus de six mois et celles qui en sont dépourvues repose sur une différence de situation et n'est donc pas contraire à la Constitution.

Enfin, le Conseil a jugé que l'obligation de rattachement à une commune ne restreint ni la liberté de déplacement des intéressés, ni leur liberté de choisir un mode de logement fixe ou mobile, ni celle de décider du lieu de leur installation temporaire. De plus, il a estimé qu'elle ne restreint pas leur faculté de déterminer un domicile ou un lieu de résidence fixe pendant plus de six mois et qu'elle n'emporte pas davantage obligation de résider dans la commune dont le rattachement est prononcé par l'autorité administrative. L'obligation d'avoir une commune de rattachement est une obligation purement administrative qui ne porte pas atteinte aux libertés invoquées par le requérant.

Rapport de la Cour des comptes octobre 2012 (extrait)

CONCLUSION ET RECOMMANDATIONS

L'accompagnement social des gens du voyage reste limité. Bien que l'article 6-1 de la loi du 5 juillet 2000 prévoie un projet social pour chaque aire d'accueil en association avec l'ensemble des acteurs concernés, son élaboration est loin d'être systématique.

Conséquence du caractère général des objectifs fixés par les schémas, le suivi recouvre des actions d'ampleur variable, qui peuvent se réduire à une simple information sur la localisation des services de droit commun. Diverses actions d'accompagnement spécifiques, portées essentiellement par des associations, sont également développées : accès aux droits sociaux et à l'aide sociale, soutien à l'insertion professionnelle, scolarisation, prévention en matière de santé. De manière générale, les actions conduites souffrent d'un manque d'évaluation qui ne permet pas d'apprécier leur efficacité et de diffuser les bonnes pratiques.

Si l'État apporte un soutien financier aux têtes de réseau associatives et, de manière plus ponctuelle, aux actions conduites au niveau local, l'implication forte des conseils généraux apparaît nécessaire pour assurer une bonne prise en compte des difficultés spécifiques des gens du voyage dans la politique d'aide et d'action sociales. Les circulaires de 2002 et, dans une moindre mesure, les schémas départementaux d'accueil des gens du voyage résultant de la loi du 5 juillet 2000 proposent un cadre permettant la prise en compte des difficultés de scolarisation des enfants du voyage et constituent en ce sens un progrès réel.

L'ACCOMPAGNEMENT SOCIAL ET SCOLAIRE DES RÉSULTATS INSUFFISANTS

Toutefois, une partie importante des enfants du voyage n'est pas scolarisée, en particulier à l'école maternelle et au collège, et le retard dans l'acquisition des savoirs fondamentaux pour les enfants scolarisés est patent. De nombreux dispositifs et initiatives sont mis en place au sein de certaines académies pour assurer l'accès à la scolarisation des enfants du voyage. Leur efficacité mériterait d'être évaluée. Dans l'ensemble, l'organisation de la prise en charge de ces élèves apparaît disparate et encore insuffisante, tant sur le plan des structures de scolarisation que des outils pédagogiques.
La Cour recommande de :

Pour l'accompagnement social

24 – élaborer, pour chaque aire d'accueil, un projet social, conformément à l'article 6-I de la loi du 5 juillet 2000 en associant l'ensemble des acteurs ;
25 – évaluer l'efficacité des dispositifs d'accompagnement en place et diffuser les bonnes pratiques tant auprès des services déconcentrés de l'État que des collectivités territoriales ;
26 – mettre en œuvre efficacement la procédure de domiciliation issue de la loi du 5 mars 2007 :

- veiller à la bonne organisation territoriale du réseau de domiciliation des gens du voyage par le préfet, dans chaque département ;
- renforcer la diffusion de l'information sur les droits applicables aux gens du voyage en matière de domiciliation auprès des structures concernées et particulièrement des centres communaux et intercommunaux d'action sociale.

Pour la scolarisation des enfants du voyage

Pilotage

27 – définir clairement au niveau national les orientations et les conditions générales de mise en œuvre de la politique de scolarisation des enfants du voyage ;

28 – établir au niveau déconcentré un programme annuel d'actions en faveur de la scolarisation des enfants du voyage ainsi qu'un bilan annuel et assurer leur large diffusion au sein de l'éducation nationale et auprès de l'ensemble des acteurs concernés ;

29 – renforcer le pilotage et l'animation des services académiques, en particulier des centres académiques pour la scolarisation des nouveaux arrivants et des enfants du voyage et des coordonnateurs départementaux;

La lutte contre la non-scolarisation et l'absentéisme des enfants du voyage

30 – établir un état des lieux de la scolarisation des enfants du voyage dans chaque inspection académique, selon une méthodologie commune, et recenser dans ce cadre les refus de scolarisation d'enfants du voyage ;

31 – assurer une coopération active et permanente entre les inspections académiques, les communes et les services sociaux.

La prise en charge pédagogique des enfants du voyage

32 – identifier et évaluer les différents dispositifs spécifiques de scolarisation existants et préciser leur articulation avec la scolarisation en classe ordinaire ;

33 – mieux insérer le service public de l'enseignement à distance actuellement assuré par le centre national d'enseignement à distance dans la stratégie de scolarisation des enfants du voyage :

– harmoniser la gestion des demandes d'inscription ;
– donner une base juridique aux partenariats entre l'enseignement à distance et les établissements scolaires.

Conclusion générale

La loi du 5 juillet 2000 relative à l'accueil et à l'habitat des gens du voyage vise à définir un équilibre entre droits et obligations réciproques pour les collectivités territoriales et les gens du voyage : en contrepartie de l'obligation d'accueil, les communes disposent de moyens renforcés pour lutter contre les stationnements illicites des gens du voyage sur leur territoire.

L'appréciation de l'efficacité de cette politique se heurte cependant à un suivi très partiel des actions mises en place et à l'absence d'une évaluation partagée entre les collectivités territoriales et l'État.

Si elle constitue une spécificité au regard de celles mises en œuvre dans les pays voisins, cette politique s'inscrit cependant dans le contexte des recommandations et des résolutions du Conseil de l'Europe et, depuis quelques années, de l'Union européenne relatives aux politiques à mettre en œuvre pour les Roms et les gens du voyage.

Dix ans après l'entrée en vigueur de la loi, la mise en œuvre de ses objectifs demeure insatisfaisante.

Fin 2010, seules 52 % des aires d'accueil et 29 % des aires de grand passage prévues par les schémas départementaux ont été réalisées. Marquée par un retard important, la réalisation des aires est en outre caractérisée par une forte disparité territoriale. Les subventions d'investissement de l'État n'ont couvert qu'une part minoritaire du coût réel de la réalisation des aires. Cette dernière s'est heurtée à d'autres obstacles, notamment la faible disponibilité foncière, les caractéristiques physiques souvent inadaptées des terrains proposés, la réticence de certaines collectivités et riverains.

Les moyens de lutte contre les stationnements illicites ont été renforcés. En cas de non-respect des arrêtés d'interdiction de stationnement, une procédure d'évacuation administrative des résidences mobiles a été mise en place par les lois du 5 juillet 2000 et du 5 mars 2007, afin de permettre aux collectivités d'obtenir le concours de la force publique pour mettre fin aux stationnements illicites. Pour autant, l'impact de la réalisation des aires sur les stationnements illicites est difficile à mesurer sur le plan national, en l'absence d'organisation d'un suivi. Sur de nombreux territoires, la tendance est à une baisse du nombre de stationnements illicites. Ceux -ci demeurent, toutefois, importants en période estivale, à l'occasion des grands passages et des déplacements dans le cadre des grands rassemblements.

La faible attention portée tant par l'État que par les collectivités territoriales à l'aménagement et la gestion des aires ne garantit pas une utilisation efficiente des fonds publics. Elle a également favorisé le développement de modalités de gestion fortement hétérogènes d'un territoire à l'autre, qui peuvent être à l'origine d'inégalités entre usagers, notamment en matière de tarification, et ne favorise pas l'efficacité de l'accueil des gens du voyage.

L'ancrage territorial de plus en plus marqué d'une partie de la population des gens du voyage appelle des solutions alternatives aux aires d'accueil. Celles-ci sont en principe destinées à des itinérants et non à une population sédentarisée provisoirement ou définitivement. Les offres alternatives adaptées, encore peu développées, restent limitées par rapport aux besoins croissants.

Souvent porté par des structures associatives, l'accompagnement social prévu dans le cadre de la politique d'accueil des gens du voyage est inégalement mis en œuvre et l'appréciation de son efficacité se heurte à l'absence de suivi et d'évaluation. Le dispositif mis en place afin de favoriser la scolarisation des enfants du voyage n'apparaît pas non plus à la hauteur des enjeux, face à la non-scolarisation préoccupante d'une partie de ce public.

La réalisation tardive et encore insatisfaisante de l'obligation d'accueil des gens du voyage et l'insuffisante prise en compte des enjeux liés aux modalités de gestion des aires et des besoins d'accompagnement de ce public s'expliquent notamment par les importantes difficultés de pilotage de la politique conduite. La mise en œuvre opérationnelle au niveau local est conduite sans orientations suffisantes et harmonisées, tandis que le pilotage de cette politique au niveau national reste cloisonné entre les différents ministères.

Les mesures recommandées par la Cour et les chambres régionales des comptes pour améliorer l'accueil et l'accompagnement des gens du voyage sont d'abord des actions visant à assurer l'efficacité de la politique existante, par le renforcement de son pilotage, et la définition de conditions permettant la poursuite de la réalisation des aires et l'efficacité de leur gestion.

CONCLUSION GÉNÉRALE

D'autres mesures doivent permettre de préparer l'avenir. Une mobilisation forte des pouvoirs publics est nécessaire, pour prendre effectivement en compte les évolutions à l'œuvre et répondre efficacement à la demande grandissante d'ancrage territorial de cette population, aux difficultés sociales auxquelles elle fait face et à la non-scolarisation d'une partie des enfants.

S'agissant de la connaissance de la population des gens du voyage et des schémas départementaux

1 – conduire des enquêtes ponctuelles afin d'améliorer au niveau national la connaissance des principales caractéristiques de la population des gens du voyage (nombre, revenus, niveau social, professions, mobilité, habitat, etc.) ;

2 – mettre à profit le processus de révision actuel pour élaborer des schémas départementaux identifiant la réalité des besoins respectifs d'aires d'accueil et d'habitat adapté ainsi que la diversité des besoins des gens du voyage ;

S'agissant du pilotage national

3 – assurer une coordination interministérielle forte de la politique d'accueil et d'accompagnement des gens du voyage ;

4 – revoir les modalités de fonctionnement de la commission nationale consultative des gens du voyage ;

S'agissant du pilotage local

5 – assurer le fonctionnement régulier de la commission départementale consultative et de la commission régionale de coordination des travaux tout au long de la mise en œuvre de la nouvelle génération de schémas départementaux ;

6 – mettre en place, dans chaque département, un dispositif de pilotage opérationnel de la mise en œuvre du schéma associant les différents acteurs concernés ;

S'agissant de la réalisation des aires d'accueil et de grand passage

7 – inciter les services de l'État à une mobilisation du FEDER pour contribuer à la réalisation du dispositif d'accueil des gens du voyage;

8 – clarifier l'usage que l'État entend faire du pouvoir de substitution du préfet, en choisissant entre deux options :

– définir ses modalités concrètes d'application afin de permettre sa mise en œuvre effective ;

– à défaut, abroger la procédure de substitution ;

9 – rétablir le subventionnement par l'État des aires demeurant à construire dès lors qu'elles ont été validées par les schémas révisés, et avec pour seule contre-partie un prélèvement financier sur les collectivités défaillantes ;

S'agissant de la lutte contre les stationnements illicites

10 – établir des statistiques annuelles relatives aux stationnements illicites des résidences mobiles des gens du voyage dans les collectivités ayant rempli ou non leurs obligations de création de structures d'accueil ;

11 – améliorer la gestion en amont des grands passages en lien avec les associations de gens du voyage et développer dans ce cadre des dispositifs de médiation afin de favoriser le dialogue entre les gens du voyage, les collectivités et l'État et limiter ainsi les stationnements illicites.

S'agissant de l'aménagement et la gestion des aires d'accueil

Le rôle de l'État en matière d'aménagement et de gestion des aires

12 – contrôler annuellement, d'une part, la conformité des aires d'accueil aux normes techniques, d'autre part,

la conformité des modalités de gestion de l'aire aux prescriptions réglementaires, lors de la validation des règlements intérieurs par l'État ;

13 – améliorer la qualité et la fiabilité des données statistiques relatives à l'usage des aires d'accueil en lien avec la caisse nationale d'allocations familiales ;

14 – verser l'aide à la gestion (ALT 2) directement au gestionnaire de l'aire conformément à la réglementation ;

Le suivi de la gestion des aires

15 – organiser un suivi systématique de la gestion directe ou déléguée des aires par les collectivités concernées ;

16 – encadrer et suivre au niveau national le marché de la gestion déléguée et, dans ce cadre :

- élaborer et diffuser un cahier des charges-type précisant les modalités d'attribution des marchés de gestion des aires sur la base de critères objectifs facilitant le suivi de la performance des gestionnaires ;
- étudier l'opportunité de mettre en place un agrément pour les gestionnaires délégués, après avoir réalisé une analyse préalable du marché et une étude d'impact ;

L'hétérogénéité des règles de gestion

17 – encadrer les modalités de gestion :

- fixer par voie réglementaire des règles communes applicables à l'ensemble des conventions de gestion à travers des clauses-type, pour éviter l'existence de dispositions ou de pratiques de gestion abusives ;
- harmoniser au niveau départemental les règles applicables en matière de durées de séjour et de tarification ;

18 – professionnaliser et assurer une meilleure reconnaissance du métier de gestionnaire d'aires d'accueil, à

travers la clarification de leurs missions, la mise en place de formations adaptées et la mise en réseau des gestionnaires au niveau départemental ;

S'agissant de l'habitat adapté des gens du voyage

19 – assurer la réalisation d'un état des lieux des besoins d'ancrage territorial dans chaque département afin de faciliter la définition de réponses appropriées sur les plans quantitatif et qualitatif, lorsque cela n'a pas été fait dans le cadre de la révision du schéma ;

20 – assurer la bonne articulation du schéma départemental d'accueil des gens du voyage, du plan départemental d'action pour le logement des personnes défavorisées et des documents d'urbanisme, si besoin à travers la mise en place de structures communes pour les départements où l'enjeu de l'ancrage territorial des gens du voyage est important ;

21 – inscrire au sein des schémas départementaux révisés les objectifs chiffrés de réalisation des projets de terrains familiaux pour favoriser leur mise en œuvre ;

22 – organiser une réponse transitoire et homogène aux difficultés posées par l'ancrage territorial sur les aires d'accueil, dans l'attente du développement à moyen terme de l'habitat adapté ;

23 – lever les incertitudes qui caractérisent les réponses aux besoins spécifiques des gens du voyage sédentarisés : modalités d'attribution et de calcul des aides au logement pour les occupants des terrains familiaux, possibilité de proposer un relogement en habitat adapté dans le cadre du droit au logement opposable et identification des situations de sédentarisation en infraction avec le droit de l'urbanisme qui peuvent faire l'objet d'une régularisation ;

S'agissant de l'accompagnement social

24 – élaborer, pour chaque aire d'accueil, un projet social, conformément à l'article 6-I de la loi du 5 juillet 2000 en associant l'ensemble des acteurs ;
25 – évaluer l'efficacité des dispositifs d'accompagnement en place et diffuser les bonnes pratiques tant auprès des services déconcentrés de l'État que des collectivités territoriales ;
26 – mettre en œuvre efficacement la procédure de domiciliation issue de la loi du 5 mars 2007 :

- veiller à la bonne organisation territoriale du réseau de domiciliation des gens du voyage par le préfet, dans chaque département;
- renforcer la diffusion de l'information sur les droits applicables aux gens du voyage en matière de domiciliation auprès des structures concernées et particulièrement des centres communaux et intercommunaux d'action sociale ;

S'agissant de la scolarisation des enfants du voyage

Pilotage

27 – définir clairement au niveau national les orientations et les conditions générales de mise en œuvre de la politique de scolarisation des enfants du voyage ;
28 – établir au niveau déconcentré un programme annuel d'actions en faveur de la scolarisation des enfants du voyage ainsi qu'un bilan annuel et assurer leur large diffusion au sein de l'éducation nationale et auprès de l'ensemble des acteurs concernés;
29 – renforcer le pilotage et l'animation des services académiques, en particulier des centres académiques pour la sco-

larisation des nouveaux arrivants et des enfants du voyage et des coordonnateurs départementaux;

La lutte contre la non-scolarisation et l'absentéisme des enfants du voyage

30 – établir un état des lieux de la scolarisation des enfants du voyage dans chaque inspection académique, selon une méthodologie commune, et recenser dans ce cadre les refus de scolarisation d'enfants du voyage ;
31 – assurer une coopération active et permanente entre les inspections académiques, les communes et les services sociaux afin de lutter contre la non-scolarisation et l'absentéisme et développer les actions de médiation menées auprès des familles ;

La prise en charge pédagogique des enfants du voyage

32 – identifier et évaluer les différents dispositifs spécifiques de scolarisation existants et préciser leur articulation avec la scolarisation en classe ordinaire ;
33 – mieux insérer le service public de l'enseignement à distance actuellement assuré par le centre national d'enseignement à distance dans la stratégie de scolarisation des enfants du voyage :

- harmoniser la gestion des demandes d'inscription;
- donner une base juridique aux partenariats entre l'enseignement à distance et les établissements scolaires.

Note du ministère de l'Intérieur aux préfets, octobre 2012

DIRECTION DES LIBERTES PUBLIQUES ET DES AFFAIRES JURIDIQUES

DIRECTION DE LA MODERNISATION ET DE L'ACTION TERRITORIALE

Paris, le 09 NOV. 2012

Note à l'attention de Mesdames et Messieurs les préfets Monsieur le préfet de police

Objet : Gens du voyage : carnets et livrets de circulation après la décision du Conseil constitutionnel du 5 octobre 2012.

Dans sa décision n° 2012-279 QPC du 5 octobre 2012, le Conseil constitutionnel a partiellement censuré la loi n° 69-3 du 3 janvier 1969 relative à l'exercice des activités ambulantes et au régime applicable aux personnes circulant en France sans domicile ni résidence fixe.

Trois dispositions de la loi sont ainsi déclarées contraires à la Constitution :

le carnet de circulation en tant qu'il constitue une différence de traitement entre les personnes concernées par la détention d'un titre de circulation liée à une condition de ressource, que cette différence de traitement n'est pas en rapport direct avec les fins civiles, sociales, administratives ou judiciaires poursuivies par la loi ;

la peine d'un an d'emprisonnement frappant les personnes circulant sans carnet de circulation, parce qu'elle porte atteinte à l'exercice de la liberté d'aller et de venir une atteinte disproportionnée au regard du but poursuivi ; l'obligation de justifier de trois ans de rattachement ininterrompu dans la même commune pour être inscrites sur une liste électorale, parce qu'elle porte atteinte à l'exercice de leurs droits civiques par les citoyens.

Les autres dispositions de la loi sont déclarées conformes à la Constitution.

ADRESSE POSTALE : PLACE BEAUVAU 75800 PARIS CEDEX 08
·STANDARD 01.49.27.49.27 – 01.40.07.60.60
ADRESSE INTERNET : www.interieur.gouv.fr

Je vous invite donc à mettre en œuvre, sans délais, les présentes instructions qui ne préjugent pas d'évolutions ultérieures de la législation.

I – Les titres de circulation

Le Conseil constitutionnel n'a pas censuré le principe d'existence d'un titre de circulation (considérant nº 18), qui a pour but de permettre, « à des fins civiles, sociales, administratives ou judiciaires, l'identification et la recherche de ceux qui ne peuvent être trouvés à un domicile ou à une résidence fixe d'une certaine durée, tout en assurant, aux mêmes fins, un moyen de communication avec ceux-ci ».

De même, le Conseil constitutionnel a validé le principe du visa périodique des titres de circulation (considérant nº 19) mais les manquements à cette obligation sont désormais dépourvus de sanction.

Conséquence de la disparition du carnet de circulation, seuls demeurent les livrets de circulation mentionnés à l'article 4 de la loi du 3 janvier 1969.

Dès lors, vous veillerez à ce qu'aucun carnet de circulation ne soit plus délivré ou prorogé et à ce que les carnets de circulation délivrés avant la date de publication de la question prioritaire de constitutionnalité au *Journal officiel,* soit le 6 octobre 2012, ne soient plus visés par les autorités de police ou de gendarmerie de votre département.

Vous veillerez également à faciliter la délivrance d'un livret de circulation aux personnes le demandant, en remplacement de leur ancien carnet de circulation. Conformément à la décision du Conseil constitutionnel, le critère de ressources n'a plus à être pris en compte pour cette délivrance. Ainsi, l'absence de justificatif de ressources par le demandeur ne peut pas fonder un refus de délivrer le livret.

La décision du Conseil constitutionnel ne remet pas en cause la distinction entre les livrets de circulation et les livrets spéciaux de circulation, A et B, ces derniers délivrés respectivement aux personnes sans domicile ni résidence fixe qui veulent exercer une activité ambulante sur le territoire national et aux personnes qui les accompagnent. Aucune modification n'est donc apportée aux conditions de délivrance de ces livrets spéciaux.

Je vous rappelle par ailleurs que la réglementation applicable en matière de délivrance de la carte nationale d'identité n'a pas été modifiée : tout ressortissant français titulaire d'un livret de circulation peut se voir délivrer une carte nationale d'identité. Inversement, les gens du voyage titulaires d'une carte nationale d'identité peuvent se voir délivrer un livret de circulation. Je vous invite sur ce point à vous reporter à la circulaire NOR INTD0800179C du 27 novembre 2008.

II – La commune de rattachement

L'article 8 de la loi du 3 janvier 1969 prévoit que le nombre de personnes détentrices d'un titre de circulation, sans domicile ni résidence fixe, rattachées à une commune, ne doit pas dépasser 3 % de la population municipale. Lorsque ce pourcentage est atteint, le préfet invite le déclarant à choisir une autre commune de rattachement.

III – L'inscription sur les listes électorales des gens du voyage

Les gens du voyage peuvent continuer à s'inscrire sur les listes électorales selon deux modalités :

1) Inscription au titre de la loi du 3 janvier 1969

Les personnes circulant en France sans domicile ni résidence fixe peuvent désormais s'inscrire sur les listes électorales de leur commune de rattachement, sans condition de délai.

Dans sa décision nº 2012-279 QPC du 5 octobre 2012, le Conseil constitutionnel a en effet déclaré contraires à la Constitution les dispositions du 3e alinéa de l'article 10 qui imposaient aux personnes sans domicile ni résidence fixe trois ans de rattachement ininterrompu dans la même commune pour être inscrites sur les listes électorales. Cette décision est d'application immédiate dès sa publication au Journal officiel du 6 octobre 2012.

Hormis la suppression de la condition de délai et le fait que le carnet de circulation ne peut plus être utilisé à l'appui d'une demande d'inscription, les conditions qui encadrent l'inscription sur les listes électorales n'ont pas été modifiées par la décision du Conseil constitutionnel. Elles s'exercent donc toujours dans les conditions pré-

vues au I du titre Ier de la circulaire du 20 décembre 2007 relative à la révision et à la tenue des listes électorales et des listes électorales complémentaires.
Pour mémoire, pour être inscrit sur une liste électorale, tout demandeur doit attester, outre de sa qualité d'électeur, d'une attache avec la commune d'inscription, en application des articles L.2 et L.11 du code électoral.
En cas de changement de commune de rattachement, la décision du préfet, portant acceptation de ce changement, est notifiée au maire de l'ancienne commune de rattachement. Cette notification sert de base juridique pour procéder à la radiation de l'intéressé, lors de la première révision annuelle des listes électorales qui suit la décision de changement de commune de rattachement.

2) Inscription au titre de l'article L. 15-1 du code électoral (modifié par l'article 51-V de la loi n° 2007-290 du 5 mars 2007 instituant le droit au logement, dite loi DALO)

Cet article permet aux citoyens ne pouvant fournir la preuve d'un domicile ou d'une résidence, ou dont la loi n'a pas fixé de commune de rattachement, d'élire domicile soit auprès d'un centre communal ou intercommunal d'action sociale (CCAS), soit auprès d'un organisme agréé à cet effet. L'organisme concerné leur délivre alors une attestation d'élection de domicile qui leur permet notamment de s'inscrire sur les listes électorales de la commune où est situé l'organisme, à l'issue d'un délai de six mois.
Cette modalité d'inscription était jusqu'alors plus favorable aux gens du voyage puisqu'elle leur permettait de s'inscrire sur les listes électorales après seulement six mois (et non 3 ans) de rattachement ù un CCAS ou tout autre organisme agréé à cet effet.

Ce dispositif est désormais moins avantageux que celui offert par la loi du 3 janvier 1969, sauf pour les gens du voyage qui n'auraient pu obtenir le rattachement demandé. Leur inscription sur les listes électorales pourra alors être faite sur production de leur carte d'identité et de l'attestation mentionnée ci-dessus.

Le directeur des libertés publiques Et des affaires juridiques	Le directeur de la modernisation et de l'action territoriale
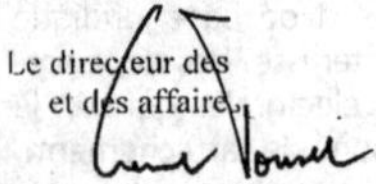	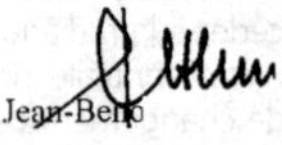
Laurent TOUVET	Jean-Benoît ALBERTINI

Conclusion

Il y a cent un ans, la République française mettait en place un arsenal législatif et réglementaire exceptionnel pour contrôler et surveiller des familles entières qualifiées de « nomades ». Ce « régime des nomades » a connu des modifications, des aménagements mais il perdure.

Pour l'ensemble des citoyens français, la carte nationale d'identité sera imposée en 1940. En 1912, la loi oblige une partie de la population vivant en France à avoir en permanence sur soi un papier d'identité, pas une simple carte, mais un vrai « livre » d'une centaine de pages qui doit être visé à chaque changement de commune, auquel s'ajoute le « carnet collectif » qui oblige la famille à demeurer constamment ensemble (sauf pour la période de service militaire des jeunes hommes). En fait, la logique du dispositif est de créer de nouvelles infractions qui permettent de facilement verbaliser, imposer des amendes et/ou emprisonner tout contrevenant dès l'âge de treize ans. C'est un moyen de rendre de plus en plus difficile la vie quotidienne de ces familles.

Pourtant, plutôt que de disparaître elles ont su « faire avec ». Elles ont su maintenir leur mode de vie fondé sur des valeurs auxquelles elles tiennent plus que tout et qui permettent de comprendre la survie de ces mondes du Voyage. Ces valeurs ne sont pas extra-ordinaires, elles sont partagées par la plupart des familles européennes et françaises et se caractérisent par un attachement particulier aux proches (les anciens, les plus jeunes, les frères et sœurs, les « cousins », plus ou moins proches au sens du « sang » ou de l'alliance), aux endroits que l'on connaît et où on est connu (ces « petits pays », ces *gap* comme on dit en manouche), etc. Si une dimension particulière caractérisait le monde du Voyage ce serait l'attachement à des formes d'activités indépendantes, c'est-à-dire non salariées. Non que celles-ci n'existent pas, mais le plus souvent de manière saisonnière ou temporaire. Pas pour des raisons si souvent avancées, celles d'une économie parallèle (argent au noir, activités illégales, etc.), si ce n'était que cela les Voyageurs seraient bien des Français comme les autres. Mais bien parce que cela entrave la vitalité même du réseau familial : pouvoir à n'importe quel instant aller auprès de la personne hospitalisée, rejoindre la famille en deuil, être présent à un mariage, un baptême, sans avoir à demander l'autorisation à un patron. Par exemple, je me souviens de discussions, à la fin des années quatre-vingt-dix, avec des agriculteurs producteurs de cerises dans le Vaucluse qui, plus que la pluie au mois de mai, craignaient un décès dans la famille élargie des Voyageurs qui depuis trente ans assuraient la cueillette des fruits. Les deux tiers, voire la totalité, de leurs travailleurs pouvaient partir du jour au lendemain pour être auprès du défunt pendant les trois jours de veillée et ne revenir qu'après l'enterrement ; là aussi les choses ont évolué.

Étudiant en sociologie-ethnologie en 1975 je rêvais d'aller à la rencontre des « peuples premiers », les « Indiens » d'Amazonie ou des plaines d'Amérique du Nord, les « Inuits », etc. Le hasard de la vie fit que mon premier emploi me fut offert par un voisin qui était en charge de la création de la première « aire de stationnement pour gens du voyage » à Marseille, en 1977. J'y ai découvert plein de choses. Des tas de gens, d'abord des travailleurs sociaux, puis des « Tsiganes », conformes apparemment aux images que j'en avais, c'est-à-dire par ce que j'avais lu dans la littérature pour enfants (*Le Club des Cinq et les Gitans*, dans la Bibliothèque rose), ce que la presse en disait (la presse régionale, *Paris-Match*, et autres). D'autres personnes (familles) qui ne correspondaient pas à ce modèle (des gens « acculturés » selon mon nouveau verni intellectuel appris à l'Université) c'est-à-dire qui n'avaient pas le « look gitan ». Mais comme nous contrôlions les papiers (les titres de circulations), j'appris qu'ils étaient tous Français. Puis il y avait des « sauvages », des personnes qui n'avaient pas ces titres de circulation en principe obligatoires pour accéder à l'aire de stationnement mais que la préfecture nous imposait de laisser entrer car elle les identifiait comme des « Tsiganes ». Tout le monde (Voyageurs français et travailleurs sociaux) les appelait les « Yougoslaves ». Tous les craignaient. Qui étaient-ils ? Des Roms, dirions-nous maintenant, et des travailleurs immigrés souvent qualifiés, qui ont découvert en France qu'ils étaient traités différemment de leurs compatriotes yougoslaves. Leur qualité de « Tsiganes », donc assimilés à « gens du Voyage » leur permettait d'économiser sur le logement en prenant une caravane ; ils s'installaient sur les « terrains désignés » et ainsi économisaient et capitalisaient pour faire venir leur famille. Dès qu'ils ont pu, ils ont complètement disparu du système français de repérage « ethnique » et social. Ils se sont « intégrés ». Rétrospectivement, je peux comprendre leur « sauvagerie », ils paraissaient plus violents, mais ne l'étaient qu'en mots ; ils évitaient tout contact avec les Voyageurs français (mais probablement pas avec ceux qui parlaient *romanès*), avec les travailleurs sociaux ; ils avaient une culture rom évidente, mais privée, ils avaient une culture républicaine réelle, celle de la Yougoslavie de Tito. Leur souci principal était de disparaître du dispositif français de traitement discriminatoire d'une part de la population – comme l'on fait certains des Gitans d'Afrique du Nord après les indépendances.

Au tournant des XXe et XXIe siècles, la situation était étonnante. Ces « gens-là » vivaient toujours, et souvent mieux que ce que j'avais vu dans les années quatre-vingt, et en même temps tout était plus difficile, et allaient encore empirer sous la férule de Nicolas Sarkozy, quel que soit le poste qu'il occupe, comme s'il avait un compte personnel à régler.

Des personnes issues de la Résistance qui avaient découvert la présence tsigane en France ont fortement contribué à l'abolition de la loi de 1912 et à la disparition du carnet collectif. Nombre d'élus, de droite comme de gauche, parce que maires (et ayant des Voyageurs implantés dans leur commune) ont tenté de faire évoluer les dispositions législatives qui enkystaient une situation dont ils ne voyaient de solution que législative. Michel Barnier a tenté des choses. Louis Besson a pu les faire évoluer au niveau législatif mais il s'est confronté à ce que j'appelle une « grève des maires » et d'une partie des services de l'État, principalement du ministère de l'Intérieur.

La reprise en main de la « question tsigane », gens du Voyage français et Roms par le ministre de l'Intérieur fut dramatique. Elle perdura pendant tout le temps de l'occupation de postes de pouvoir de Nicolas Sarkozy.

Depuis les années soixante-dix, nous sommes passés de la vie dans les interstices à la guerre des tranchées évoquée plus haut. Telle est la situation française. Un siècle d'un système discriminatoire vis-à-vis d'une part de ses citoyens en ayant créé la catégorie administrative particulière de « nomades » et l'organisation de l'exclusion sociale de quelques milliers de personnes migrantes temporaires en France (les « Roms ») fondée sur l'idée simple de « l'impossible intégration » de « ces gens-là », les uns et les autres étant des « Tsiganes ».

La France n'a pas su se distinguer de l'ensemble européen depuis des siècles dans le traitement administratif et policier d'une part de sa population. La République l'a au contraire exacerbé en fondant en droit des différences de pensées sur une vision racialiste et essentialiste issue de la pensée « scientifique » du XIXe siècle (les « Tsiganes » ont encore fait l'objet de recherches sur la forme de leur crâne jusque dans les années soixante selon la logique anthropologique du XIXe, pour chercher par-là l'existence d'une « race » particulière, etc.). La République française a formalisé, juridiquement, une vieille lune européenne qui perdure sur tout le continent « l'antitsiganisme » bien analysée par un anthropologue italien, Leonardo Piasere[1].

La mise en œuvre concrète de cet antitsiganisme a partout consisté à dénier à ceux qui sont étiquetés « Tsiganes » les droits ordinaires de citoyens, y compris en France. La remise à plat de la situation consiste à faire de chaque « Tsigane » un citoyen de plein droit dans son propre pays. L'invention récente d'un « peuple rom » transnational renforce l'idée commune de l'illégitimité de la présence ici et

1. Piasere, *Scenari dell'antiziganismo. Tra Europa e Italia, tra anthropologia e politica*, SEID editori, Firenze, 2012.

maintenant, comme hier, de ces « gens-là ». On ne devient citoyen européen que parce que l'on est citoyen portugais, français, allemand, etc., citoyen d'un pays membre de la Communauté européenne.

La Commission européenne a fait de la non-discrimination vis-à-vis des « Roms » dans les pays de l'ex-bloc communiste une condition de l'adhésion à l'Union européenne sans véritables résultats tangibles. Elle leur réserve des fonds, peu utilisés ou détournés selon les pays.

La politique suivie depuis une dizaine d'années en France a même réussi à s'attirer les foudres de la Commissaire européenne[1]. Que peut faire la France pour commencer à balayer devant sa porte ?

À *propos des « Roms migrants »*. Dès le 1er janvier 2014, les discriminations à l'emploi et la circulation des Roumains et Bulgares (dont les « Roms ») cesseront en droit, qu'en sera-t-il fait par les services de l'État et les collectivités locales ? Certaines de celles-ci ont pris la question à bras-le-

1. Viviane Reding, Vice-présidente de la Commission européenne, en charge de la Justice et des Droits fondamentaux.

corps la question, proposant des solutions différentes à chaque fois, mais demeurant bien souvent isolées malgré les dispositifs intercommunaux et les directives gouvernementales récentes.

À *propos des « gens du voyage »*. Des projets d'abolition des mesures discriminatoires en vigueur depuis un siècle ont été déposés ces dernières années au Parlement, sans succès. La ritournelle de « faire rentrer dans le droit commun » (ou « presque » selon le titre d'un rapport récent) est de nouveau d'actualité. Nombre de services de l'État, en particulier au ministère de l'Intérieur, considèrent que la surveillance particulière de ces populations par les titres de circulations n'a plus d'efficacité par rapport aux moyens techniques disponibles, mais d'autres n'en sont pas convaincus. Une abolition pure et simple de la loi de 1969 a été proposée par le groupe socialiste au cours de la législature précédente. Elle pourrait revenir d'actualité, mais remplacée par quoi ? Chacun sait, et les Voyageurs plus que tous autres, que « le diable se cache dans les détails ». La loi ne fait pas tout, les décrets et circulaires offrent maints moyens de revenir à des pratiques anciennes.

Un siècle de suspicion de l'État et de ses services vis-à-vis d'une part de la population française a produit des réflexes de comportements de part et d'autre qu'un vote parlementaire n'abolira pas. Il n'y a pas d'un côté les « gens du Voyage » et de l'autre « l'État ». Ni l'une ni l'autre ne sont des réalités homogènes et intangibles. Il n'y a pas de « communauté des gens du Voyage », pas plus de « communauté corse », « bretonne », « alsacienne » ou de PACA[1]. De même les services de l'État n'ont pas la même interprétation des textes venus d'en haut, les agents dans les bureaux ne réagissent pas de la même manière selon leurs interlocuteurs et/ou les consignes de leur hiérarchie directe.

Les discriminations induites par un siècle de traitement administratif particulier, la diversité des situations et des modes de vie des « Gitans », de ceux qui sont ainsi appelés, sont telles que personne n'est en mesure de proposer de solution

1. Provence-Alpes-Côte-d'Azur.

globale. Beaucoup de situations délicates ou carrément difficiles se résolvent localement; à l'inverse, d'autres s'enkystent.

La société française a changé en un siècle, le monde du Voyage aussi mais malgré les diverses tentatives pour rendre cette vie de plus en plus difficile, en créant de nouvelles infractions le visant particulièrement comme en 1912, ce qui a été renouvelé en 2002, la vie du Voyage continue. Si certains peuvent malgré ces difficultés maintenir une vie décente, d'autres ont connu et connaissent des difficultés sociales et économiques croissantes.

C'est sûrement pour cela que le Premier ministre a parlé des « gens du voyage » mais aussi des Roms au cours de son discours en conclusion de la Conférence nationale de lutte contre la pauvreté et pour l'inclusion (11 *décembre* 2012) :

Extrait du discours du Premier ministre

« ***Je pense aux gens du voyage, dont le statut sera bientôt à l'étude à l'Assemblée.*** *Je pense aux personnes handicapées, dont je mesure les difficultés d'accès à l'emploi, et, pour beaucoup d'entre elles, à des conditions de vie* *décentes.* ***Je pense enfin aux migrants, premières victimes des stigmatisations, à commencer par les familles Roms contraintes d'habiter dans des campements de fortune. Elles ne seront pas oubliées*** ».

Si l'on veut croire le Premier ministre, il faut espérer que sa volonté sera assez forte pour s'imposer à tous, ministres, parlementaires, services de l'État, collectivités locales et élus. Certains signes ne vont pourtant pas dans ce sens. Le 23 janvier 2013 s'est tenue une réunion de la Commission consultative des Gens du voyage ; bien qu'ayant eu lieu dans les locaux de l'Association des maires de France, ceux-ci ont brillé par leur absence, de même que les parlementaires concernés[1]. La mise en place d'instances de médiation, au niveau national, la Commission consultative des Gens du voyage, et ses déclinaisons départementales, a prouvé, de fait, son inadéquation depuis plus de vingt ans, sauf exceptions locales. Il n'y a même pas lieu d'en faire le bilan.

1. http://www.depechestsiganes.fr/?p=6165.

Le ministère de l'Intérieur a chargé un préfet d'une coordination de l'action des dix ministères concernés par la situation du monde du Voyage. Il doit rendre un rapport d'étape. Mais l'histoire récente du Traitement de la « question des gens du voyage », au-delà des bonnes résolutions ne bute que sur les réalités locales (la « grève des maires », l'inertie bien réfléchie des services déconcentrés de l'État ainsi que la quasi-impossibilité réelle d'une représentativité de la pseudo « communauté des gens du Voyage »).

Un autre préfet a été chargé de la question du relogement des Roms (citoyens roumains et bulgares pour la plupart). Toutefois, sur le terrain, l'action des services de l'État vis-à-vis de ces populations ne change pas de celle menée précédemment, et ce malgré les promesses de l'été 2012. Les expulsions et la destruction des campements de Roms continuent sans « solution de relogement digne » comme il avait été promis.

Le ministre de l'Intérieur a modifié la manière de comptabiliser les expulsions (mars 2013). La procédure ordinaire pour les Roms qui consistait en des retours « volontaires » permettant une aide financière a été quasiment supprimée. De fait, ces retours « volontaires » ne seront plus comptabilisés dans les expulsions, mais rien n'a été précisé sur la politique générale vis-à-vis des Roms.

L'imagination politique ne saurait-elle s'inspirer de pratiques éprouvées ailleurs ? Quelque chose comme une Commission de la vérité et de la conciliation, selon l'idée de Nelson Mandela, qui a su faire avancer un antagonisme bien plus ancien et violent.

Bibliographie des textes et documents cités

AMIOT Pierre, *Nomades des fleuves et de la route*, Paris, L'Harmattan, coll. « Les graveurs de mémoire », 2007.

ASSÉO Henriette, *Les Tsiganes, une destinée européenne*, Paris, Gallimard, coll. « Découvertes », 1994.

ASSÉO Henriette, *De la « science raciale » aux camps, les Tsiganes dans la Seconde Guerre mondiale*, CRT-CRPD Midi-Pyrénée, 1997.

ASSÉO Henriette, « La spécificité de l'extermination des Tsiganes », in Thanassecos Yannis et Wissman Heinz (dir.), *Révision de l'Histoire, totalitarisme, crimes et génocides nazis*, Paris, Ed. du Cerf, 1990, p. 13-143.

ASSÉO Henriette, « L'extermination des Tsiganes », in Stéphane Audoin-Rouzeau, Annette Becker, Christian Ingrao et Henry Rousso (dir.), *La violence de guerre 1914-1945*, Paris, Éditions Complexe-IHTP-CNRS, coll. « Histoire du temps présent », 2002, p. 243-259.

ASSIER-ANDRIEU Louis et Anne GOTMAN, *Légiférer sur les « gens du voyage », genèse et mise en œuvre d'une législation*, [s.l.], Ministère de l'Équipement des Transports et du Logement, 2003.

ASSIER-ANDRIEU Louis, Anne GOTMAN et Olivier PIRON, *Villes et hospitalité les municipalités et leurs étrangers*, Paris, Maison des sciences de l'Homme, 2004.

AUBIN Emmanuel, « La liberté d'aller et venir des nomades : l'idéologie sécuritaire », *Études tsiganes*, 7, 1996, p. 13-36.

Aubin Emmanuel, « À propos d'un texte de Marcel Walline : "Un problème de sécurité publique : les Bohémiens" », *Études tsiganes*, 7, 1996, p. 37-46.

Bechelloni Orsetta, « Sous la gadoue, les louis d'or », in Noël Barbe & Serge Latouche (dir.), *Économies choisies ? Échanges, circulations et débrouille*, Ethnologie de la France, cahier 20, Paris, Éditions de la MSH, 2004.

Bizeul Daniel, *Civiliser ou bannir. Les nomades dans la société française*, Paris, L'Harmattan, coll. « Logiques sociales », 1989.

Bizeul Daniel, *Nomades en France. Proximités et clivages*, Paris, L'Harmattan, coll. « Logiques sociales », 1993.

Bordigoni Marc, « Gitans et saisons en Calavon », *Études tsiganes*, 12, 1998, p. 47-73.

Bordigoni Marc, « Femmes du village, hommes immigrés et familles gitanes : les trois âges d'une main-d'œuvre saisonnière en Lubéron (1950-1999) », *Europea*, 1999, p. 10-30.

Bordigoni Marc, « Le paysan, le gitan et le trimard », *Le Monde alpin et rhôdanien*, 1-3, 2000, p. 223-242.

Bordigoni Marc, « Sara au Saintes-Maries-de-la-Mer. Métaphore de la présence gitane dans le "monde de Gadjé" », *Études tsiganes*, 20, 2004, p. 12-34.

Bordigoni Marc, *Les Gitans*, Le Cavalier bleu, coll. « les Idées reçues », Paris, 2010.

Bordigoni Marc, « Comment la France inventa ses "nomades" », *Migrations Société*, XXII (131), 2010, p. 53-67.

Bordigoni Marc, « Des Tsiganes et des ours dans *Le Petit Journal, supplément illustré, 1895 - 1908* », *Études tsiganes*, 47, 2013, p. 12-34.

Colinon Maurice, « Les Gitans devant la justice (Un département au microscope : le Gers) », *Monde gitan*, 28, 1974, p. 1-7.

Collectif, *Ces Gens-là. Cent ans d'histoires de la communauté gitane à Grenoble*, Bresson, ADHAC/CODASE, 2004.

Études tsiganes, « L'habitat saisi par le droit. Les virtualités de la loi Besson du 5 juillet 2000 », n° 15, 2001.

Études tsiganes, « Histoires tsiganes. Hommage à François de Vaux de Foletier, 1893-1988, n° 18/19, 2004.

Filhol Emmanuel, *Un camp de concentration français, les tsiganes alsaciens-lorrains à Crest, 1915-1919*, Grenoble, Presses universitaires de Grenoble, coll. « L'Empreinte du temps », 2004.

Filhol Emmanuel, Marie-Christine Hubert et Henriette Asséo, *Les Tsiganes en France, un sort à part, 1939-1946*, Paris, Perrin, 2009.

Gotman Anne (dir.), *Villes et hospitalité. Les municipalités et leurs « étrangers »*, Paris, Éditions de la Maison des sciences de l'Homme, 2004.

Gurême Raymond et Isabelle Ligner, *Interdit aux nomades*, Paris, Calmann-Lévy, 2011.

Jaulin Béatrice, *Les Roms de Montreuil 1945-1975*, Paris, Éd. Autrement, coll. « Monde Français d'ailleurs », 2000.

Join-Lambert Pierre, « Indications statistiques », *Études tsiganes*, 1 & 2, 1962, p. 34, 20-21.

Join-Lambert Pierre, « Possesseurs de récépissés de marchands ambulants et titulaires de titres de circulation », *Études tsiganes*, 2, 1981, p. 18-24.

Le Cossec Clément, *Mon aventure chez les Tziganes*, [s.l.], chez l'auteur, 1991.

Lesme Francis, « Le monde gitan à Marseille », *Monde gitan*, 30, 1974, p. 1-7.

Lewy Guenter, *La persécution des Tsiganes par les nazis*, Paris, Les Belles lettres, coll. « Histoire », 2003.

LICK, *Scènes de la vie manouche sur les routes de Provence avec les Sinti Piémontais, 1935-1945*. Récit, Châteauneuf-les-Martigues, Wallada, coll. « Waroutcho », 1998.

LOISEAU Gaëlla, « Chronique d'une ségréagation planifiée : le Village andalou », *Études tsiganes*, 21, 2005, p. 74-94.

PESCHANSKI Denis, avec la collaboration de Marie-Christine Hubert et Emmanuel Philippon, *Les tsiganes en France 1939-1946*, Paris, CNRS éd., coll. « Histoire 20e siècle », 1994.

PIASERE Leonardo, *Roms, une histoire européenne*, Paris, Bayard, 2011.

PICHON Philippe, *Voyage en Tsiganie enquête chez les nomades en France*, Paris, Les éditions de Paris, coll. « Essais et documents », 2002.

REYNIERS Alain et Patrick WILLIAMS, « Permanence tsigane et politique de sédentarisation dans le France de l'après guerre », *Études rurales*, no 120, 1990.

ROBERT Christophe, *Éternels étrangers de l'intérieur ? Les groupes tsiganes en France*, Paris, Desclée de Brouwer, 2007.

SIGOT Jacques, *Ces barbelés que découvre l'histoire – un camp pour les Tsiganes... et les autres, Montreuil-Bellay, 1940-1946*, Châteauneuf-les-Martigues, Wallâda, coll. « Cages », 2010.

VALET Joseph, « Le carnet anthropométrique. Un dossier cruel sur la vie quotidienne des nomades », *Monde gitan*, 1968, no 5, p. 4 - 10.

VALET Joseph, « Gitans et Voyageurs d'Auvergne durant la guerre 1939-45 », *Études tsiganes*, 2, 1995, p. 211-219.

WILLIAMS Patrick, « Entretien avec Marie Raynal », *Diversités*, 159, déc. 2009, p. 7-13.

Textes sur le web

Tronel Jacky, 2011, « Séjour surveillé pour les "indésirables français" : Le Château du Sablou en 1940 », criminocorpus.revues.org/1781.

Films

Gitans, Tziganes, Gens du Voyage : le droit de vivre (2004), Roland Cottet, diffusé sur France 5 le 14 octobre 2008. Des *rushes* du film sont visibles (au fur et à mesure de leur mise en ligne) sur internet : idemec.univ-provence/documentaires audiovisuels/Atelier Présences tsiganes.

Mémoires tsiganes, l'autre génocide : Henriette Asséo, Idit Bloch et Juliette Jourdan, réalisateurs : Juliette Jourdan et Idit Bloch, Kuiv Productions, Durée : 1 h 10, diffusé sur France 5, le 2 octobre 2011.

Pour aller plus loin

Le lecteur désirant approfondir le sujet trouvera davantage de textes à l'adresse suivante :

http://idemec.univ-provence.fr/spip.php?article886.

Les grands articles du code pénal, Y. Mayaud
Bioéthique, D. Borrillo
Les élections présidentielles, M. Ballet, O. Duhamel
SNCF, les droits des voyageurs, M. Debrincat, F. Regniault
Guerre d'Algérie, droit et non-droit, A. Heymann-Doat
Les droits des malades, C. Kouchner, avec A. Delhaye
Paroles de présidents, J. Lacouture, 2e éd.
Les grandes dates de la Ve République, R. Ghevontian
Les droits des profs, M. Debène
Les grands articles du code civil, A. Bénabent, D. Mazeaud
L'euro, J.-P. Vesperini
La justice et les enfants, J.-P. Rosenczveig
▸ *Gens du Voyage*, M. Bordigoni

Collection **À savoir**
sous la direction de
É. Pisier et O. Duhamel

Codes noirs, C. Taubira, avec A. Castaldo
Homosexuels. Quels droits ?, J. Lang, D. Borrillo
Le droit des femmes, É. Pisier, avec S. Brimo
Les droits des enfants, S. Royal
Lois et moeurs du rugby, F. Galthié et J. Lacouture
Les discriminations positives, J. Bougrab
L'abolition de la peine de mort, R. Badinter
Le Coran tolérant, D. Boubakeur
Un traité pour l'Europe, N. Sarkozy
Le nouveau Code du travail, A. Lyon-Caen, A. Fabre
Le président des États-Unis, C. Ockrent, avec B. Perreau
Obama, petite encyclopédie, M. Kravetz
Le droit et les Juifs, D. Lochak
Pour la planète, D. Cohn-Bendit, avec É. Gaudot
50 droits contre l'exclusion, M. Hirsch, avec l'ANSA
Paroles de philosophes, L. Ferry
Obama président, petite encyclopédie, M. Kravetz
La révolution numérique, É. Scherer
Les droits de l'animal, J.-M. Coulon, J.-C. Nouët
50 droits des ados, M. Hirsch, avec I. Djordjevic
Les interdits religieux, C. Fourest, F. Venner
Le football. Les lois d'un jeu, L. Vallée
Les mots de de Gaulle, D. Tillinac
QPC, la question prioritaire de constitutionnalité,
G. Carcassonne, O. Duhamel
Petit dictionnaire de la fraude fiscale, M.-P. Prat, C. Janvier